# 太极拳行功心解详解

苏峰珍 著

人民体育出版社

图书在版编目(CIP)数据

太极拳行功心解详解 / 苏峰珍著. —北京：人民体
出版社，2016（2017.7.重印）
ISBN 978-7-5009-4880-3

Ⅰ.①太… Ⅱ.①苏… Ⅲ.①太极拳-研究
Ⅳ.①G852.11

中国版本图书馆 CIP 数据核字(2015)第 244119 号

\*

人民体育出版社出版发行
三河紫恒印装有限公司印刷
新 华 书 店 经 销

\*

850×1168　32 开本　6.75 印张　200 千字
2016 年 4 月第 1 版　　2017 年 7 月第 2 次印刷
印数：5,001—8,000 册

\*

ISBN 978-7-5009-4880-3
定价：18.00 元

社址：北京市东城区体育馆路 8 号（天坛公园东门）
电话：67151482（发行部）　　邮编：100061
传真：67151483　　　　　　　邮购：67118491
网址：www.sportspublish.com
（购买本社图书，如遇有缺损页可与邮购部联系）

# 作者简介

苏峰珍，1984年生于台湾高雄凤山。自幼喜爱武术，苦无机缘学习。当时，凤山有一拳师，名大鼻师，身材高挑魁梧，南北跑场打拳，卖膏药。心向往之，恳请母亲往说，欲随练拳，大鼻师回曰："以手击壁可也，不必随师。"自创土法炼钢非拳术究竟之道，终而蹉跎岁月。其间虽练过跆拳道、外家拳及其他武术，但总觉得不能相契而放弃。1980年缘遇林师昌立先生，学习形意、八卦、太极，历二十余年之久，为入室弟子，排行第二。同门中，练拳最为精勤，从无间断，为林师所赏识，而尽得其传。1982年至1992年参加高雄县市、台湾省推手比赛，常名列冠、亚军，为师门争光。1994年取得省市级太极拳教练证及国家级太极拳教练证，经林师认可，开始授拳。2008年参加美国新唐人电视台举办第一届"全世界华人武术大赛"，荣获第三名。其拳论著作常于高雄市太极拳杂志社发表，颇获读者喜爱。著作有《太极拳行功心解详解》《内家拳武术探微（筹备出版中）》《太极拳经论详解（筹备出版中）》等。现于高雄市凤山区文华儿童公园授拳。生平最大之愿望，乃能将内家拳武术承授有缘者，永续流传。

# 序 言

　　太极拳的经典，有拳经、拳论、行功心解、打手歌、八字歌、十三式歌等等，因为这些经论的语体都是文言文，比较深涩难懂，于是有名家把这些经论作成释义，流传市面。但是，综观市面上流传的太极拳释义，大部分只是把文言翻译成白话或简单解说而已，没有把经论中的实质内涵析透出来，也没有把太极拳的修炼方法明白详述出来，这对太极拳的修炼者来说，获益是有限的。

　　行功心解是太极拳重要的经典之一，里面详述了太极拳的深层内涵以及太极拳的修炼方法。行功心解是以气为主轴而围绕论述太极拳，所以，练太极拳是要行气的，是要运劲的，若有人主张太极拳不需练气，这是与太极理论相悖的，不值与信。

　　太极所有经论，都是祖师前辈们修炼的成果结晶，所以有时候他们写下并流传下来的文字，都是修成正果后的心得，至于如何去练习才能达到那个境地，就没有很详细的述说，所以后辈学者读经看论，只知其然而不知其所以然。

　　譬如行功心解第一句说："以心行气，务令沉着，乃能收敛入骨"，祖师说练太极拳要以心行气，而且务必要使气沉着，这样才能收敛入骨，汇聚成内劲。但是要如何行气运功，要如何使气沉着，要如何才能使气收敛入骨，则没有叙述出来。所以，后辈学者读行功心解，只能得到一些概念，不能实际掌握到练拳的诀窍。而且那些名师所写的太极拳释义，也仅止于依文解义而已，并没有把练习的诀语详述出来，所以后辈晚生们读经看论，或研读太极拳释义的书，效果是有限的。

笔者不才，虽然学练太极拳三十余年，对太极拳的玄奥精深，犹难探其底，但愿以野人献曝之心，作抛砖引玉，仅将微略心得就教于大方。若有偏差错误之处，恳祈贤辈们不吝指教，愿予虚心领受。本书有很多重复论说的地方，请读者勿觉烦琐，因为行功心解就是一直在重复论说心、气、劲等等东西，这些也是练太极拳的灵魂核心，若跳脱了这些，太极拳便成为空洞而无架构主宰的空中楼阁。还有，本书有些论述虽不是依于行功心解的原文译释，而是以引喻方式从旁套引而入，希读者透过种种引喻而对行功心解原文能有更深层的理解。

苏峰珍
2012年6月

# 目 录

**第一章 以心行气，务令沉着，乃能收敛入骨** ……… （1）

 第一节 以心行气 ………………………………… （1）
 第二节 务令沉着 ………………………………… （3）
 第三节 乃能收敛入骨 …………………………… （6）

**第二章 以气运身，务令顺遂，乃能便利从心** ……… （9）

 第一节 以气运身 ………………………………… （9）
 第二节 务令顺遂 ………………………………… （10）
 第三节 乃能便利从心 …………………………… （13）

**第三章 精神能提得起，则无迟重之虞，所谓顶头悬也**
………………………………………………………… （16）

 第一节 精神能提得起 …………………………… （16）
 第二节 则无迟重之虞 …………………………… （17）
 第三节 所谓顶头悬也 …………………………… （18）

**第四章 意气须换得灵，乃有圆活之趣，所谓变转虚实也**
………………………………………………………… （20）

 第一节 意气须换得灵，乃有圆活之趣 ………… （20）
 第二节 变转虚实 ………………………………… （22）
 第三节 虚实与双重 ……………………………… （23）

第四节　双重之病未悟耳 …………………… (25)

## 第五章　发劲须沉着松净专主一方 …………………… (30)

第一节　发劲是什么？为何发劲须沉着松净？…… (30)
第二节　发劲的要件 ………………………… (31)
第三节　沉与松 ……………………………… (34)
第四节　专主一方就是整劲 ………………… (35)

## 第六章　立身须中正安舒，支撑八面 …………………… (38)

第一节　立身与中正安舒 …………………… (38)
第二节　中正安舒与顶头悬 ………………… (38)
第三节　中正与斜中正 ……………………… (39)
第四节　支撑八面 …………………………… (40)
第五节　从支撑八面谈膝关节保护 ………… (40)

## 第七章　行气如九曲珠，无微不至 …………………… (43)

第一节　九曲珠的典故 ……………………… (43)
第二节　行气如九曲珠 ……………………… (43)
第三节　无微不至 …………………………… (44)
第四节　用法上的无微不至 ………………… (46)

## 第八章　运劲如百炼钢，无坚不摧 …………………… (49)

第一节　百炼钢 ……………………………… (49)
第二节　无坚不摧 …………………………… (49)
第三节　运劲 ………………………………… (50)
第四节　如何运劲？ ………………………… (51)
第五节　劲与力之差别 ……………………… (52)

第六节　气与劲的应用 …………………………… (53)

**第九章　形如搏兔之鹘，神似捕鼠之猫** ……………… (55)

第一节　鹘 ………………………………………… (55)
第二节　太极之形 ………………………………… (55)
第三节　太极之形，应以慢练为宜 ……………… (56)
第四节　太极拳的慢与快 ………………………… (58)
第五节　猫的眼神 ………………………………… (59)
第六节　太极拳的神 ……………………………… (59)
第七节　拳的神韵 ………………………………… (60)
第八节　神似捕鼠之猫 …………………………… (61)
第九节　神的内涵——气势与胆识 ……………… (61)

**第十章　静如山岳，动若江河** ………………………… (64)

第一节　静与动 …………………………………… (64)
第二节　静而练体，动而练用 …………………… (64)
第三节　宁静致远，勤以成学 …………………… (65)

**第十一章　蓄劲如张弓，发劲如放箭** ………………… (68)

第一节　蓄劲 ……………………………………… (68)
第二节　发劲与绵掌 ……………………………… (69)
第三节　蓄劲与喂劲 ……………………………… (70)
第四节　脆劲与 Q 劲 ……………………………… (72)

**第十二章　曲中求直，蓄而后发** ……………………… (74)

第一节　曲与直，蓄与发 ………………………… (74)
第二节　曲蓄不是坍塌 …………………………… (76)

3

## 第十三章　力由脊发 …………………………………（79）

### 第一节　脊的位置 ……………………………………（79）
### 第二节　如何做到力由脊发? …………………………（80）

## 第十四章　步随身换 …………………………………（81）

### 第一节　步法 …………………………………………（81）
### 第二节　步法中的蹬步 ………………………………（81）
### 第三节　身法 …………………………………………（83）
### 第四节　苍龙抖甲 ……………………………………（84）
### 第五节　步法中的打桩 ………………………………（86）
### 第六节　步随身换 ……………………………………（88）

## 第十五章　收即是放，断而复连 ……………………（90）

### 第一节　收与放 ………………………………………（90）
### 第二节　断而复连 ……………………………………（91）

## 第十六章　往复须有折迭 ……………………………（93）

## 第十七章　进退须有转换 ……………………………（97）

## 第十八章　极柔软，然后极坚刚 ……………………（101）

### 第一节　柔软是太极拳的特色 ………………………（101）
### 第二节　专气致柔与顽松 ……………………………（101）
### 第三节　柔软与坚刚 …………………………………（106）
### 第四节　太极内劲与阻力的关系 ……………………（107）

## 第十九章　能呼吸，然后能灵活 ………………… (109)

　　第一节　呼吸与练拳 ……………………………… (109)
　　第二节　为何能呼吸就能灵活？ ………………… (113)

## 第二十章　气以直养而无害 …………………………… (118)

　　第一节　气在武术中的地位 ……………………… (118)
　　第二节　养气 ……………………………………… (119)
　　第三节　气以直养而无害 ………………………… (123)

## 第二十一章　劲以曲蓄而有余 ………………………… (124)

## 第二十二章　心为令，气为旗，腰为纛 ……………… (126)

## 第二十三章　先求开展，后求紧凑，乃可臻于缜密矣
　　　　　　　………………………………………… (128)

　　第一节　开展 ……………………………………… (128)
　　第二节　紧凑 ……………………………………… (129)
　　第三节　快与紧凑之别 …………………………… (130)
　　第四节　非关学力而有为 ………………………… (132)
　　第五节　斯技旁门 ………………………………… (133)
　　第六节　先求开展后求紧凑 ……………………… (136)
　　第七节　臻于缜密 ………………………………… (137)

## 第二十四章　先在心，后在身 ………………………… (138)

　　第一节　心在身先 ………………………………… (138)
　　第二节　毅力与练拳 ……………………………… (139)

5

| | | |
|---|---|---|
| 第三节 | 后在身 …………………………………… | (143) |

### 第二十五章　腹松，气敛入骨 ………………………… (149)

| | | |
|---|---|---|
| 第一节 | 腹松 …………………………………………… | (149) |
| 第二节 | 气敛入骨 ……………………………………… | (149) |

### 第二十六章　神舒体静，刻刻在心 ……………………… (154)

| | | |
|---|---|---|
| 第一节 | 神舒体静 ……………………………………… | (154) |
| 第二节 | 神舒体静与修心养性 ………………………… | (155) |
| 第三节 | 刻刻在心 ……………………………………… | (157) |

### 第二十七章　切记，一动无有不动，一静无有不静 … (158)

| | | |
|---|---|---|
| 第一节 | 动中的定力 …………………………………… | (160) |
| 第二节 | 意守神蓄就是定 ……………………………… | (162) |

### 第二十八章　牵动往来，气贴背，敛入脊骨 ………… (164)

| | | |
|---|---|---|
| 第一节 | 以牵拖引喻、牵动往来 ……………………… | (164) |
| 第二节 | 如何牵动往来 ………………………………… | (166) |
| 第三节 | 气贴背 ………………………………………… | (166) |
| 第四节 | 敛入脊骨 ……………………………………… | (167) |
| 第五节 | 敛入脊骨与力由脊发 ………………………… | (168) |
| 第六节 | 含胸拔背与气贴背 …………………………… | (169) |

### 第二十九章　内固精神，外示安逸 ……………………… (170)

| | | |
|---|---|---|
| 第一节 | 内固精神 ……………………………………… | (170) |
| 第二节 | 外示安逸 ……………………………………… | (170) |

**第三十章　迈步如猫行，运劲如抽丝** ……………… （173）

　　第一节　猫之行 …………………………………… （173）
　　第二节　太极拳的猫步练习 ……………………… （173）
　　第三节　迈步如猫行 ……………………………… （175）
　　第四节　运劲如抽丝 ……………………………… （175）
　　第五节　后发先到 ………………………………… （176）

**第三十一章　全身意在精神** …………………………… （179）

**第三十二章　气若车轮，腰如车轴** …………………… （184）

　　第一节　气若车轮 ………………………………… （184）
　　第二节　腰如车轴 ………………………………… （186）
　　第三节　太极之腰 ………………………………… （186）

**第三十三章　彼不动，己不动；彼微动，己先动** …… （190）

　　第一节　彼不动，己不动，就是以静制动 ……… （190）
　　第二节　彼微动，己先动，就是制敌机先 ……… （191）
　　第三节　彼不动时，如何引与合 ………………… （191）

**第三十四章　劲似松非松，将展未展** ………………… （195）

　　第一节　劲似松非松 ……………………………… （195）
　　第二节　将展未展 ………………………………… （197）
　　第三十五章　劲断意不断 ………………………… （199）

**结束语** …………………………………………………… （200）

# 第一章 以心行气，务令沉着，乃能收敛入骨

## 第一节 以心行气

太极拳行功心解，开宗明义，点出了修炼太极拳的第一件事，就是以心行气，由此可知，练太极拳是要行气，是要练气的，所以如果有主张太极拳不必练气者，都是与太极拳相悖离的，都是违反了太极拳原意的，虽然打的型是太极拳，比划的招式是太极拳，但欠缺了太极拳的深层内涵——练气，这样只能称之为太极操，不能叫作太极拳，因为这样的体操运动形式，只是活动肢体的养生健康而已，无法成就太极拳的甚深功夫——内劲。以心行气，用白话解释，就是用心识意念运行气息。这边所说的"心"是指心识、心念、意念的意思，也是指我们的意识心，能够默识、想象、内观、思维、整理、统合的意识心。

气是可以透过意念而加以导引、牵动、运行的，如果没有以心意来行气，这个透过鼻腔所出入的气息，将只是一般的呼吸而已，不是太极拳所称的行气；普通的呼吸，是不能成就太极功夫的。人是由呼吸而存活，没有了呼吸，生命即将终结，但这种普通的呼吸与太极拳的以心行气，是有差别的，所以，太极拳的以心行气和一般呼吸当然是相异的，虽然两者出入的气都是同样的气，但太极拳这个以心行气的气透过心意的运

为、蓄纳、牵动、导引等等机制，却能产生与一般呼吸之气所没有的效应、能量，以及一般人所忽略与不信的内劲功夫。

以心行气这句话，心是主，气是从，主从关系要先分清楚，如果没有这个主地位的心，气也将无从运行，无从导引，所以，行气是以心为主导，如果这个心不在，这个主人翁不在，那么，这个气，只是一般人的呼吸，一般人的出入息而已，是无法成就太极功夫的。

普通人的心，是浮动的，是散漫的，是杂乱的，心似猿猴意像马，大部分是浮躁奔驰的，很难安静下来，所以气也很难凝聚汇集。

练太极拳首要条件，就是要把自己的心先安住下来，让自己的心，安静平和，所谓心平气和是也，心若不能平静，气则浮浊，没有办法修炼太极拳。这个心，还要正心诚意，心要正，意要诚；若有邪念，心术不正，则气也将沦为污浊之气，运行起来将不会有正面效益。还有，心要有正信，要相信太极经论之言，相信祖师爷之语。有些学太极拳的，并不相信太极经论，不相信练太极拳要练气，认为练气是不符合科学理论的，也否认气的功能，更不信有内劲的存在。然而，很多不可思议的东西，并非科学、科技所能证验，若心有狐疑，若心存过慢，若心不信祖师爷之言，不信拳经、拳论、行功心解之论述，那么，学练太极，将不会有正面意义，也绝对无法成就太极功夫。

行功心解里面，讲到很多的心，例如，心为令，气为旗、先在心，后在身、神舒体静，刻刻在心等等，所以，修炼太极，不可缺少这个心。行气，如何行呢？行，就是行使、牵动、引导，透过这些机制，使由鼻腔所吸进来的气，经过丹田的蓄纳、吞蕴、鼓荡、折迭以及意念的引动，令气在体内输运、行走、动转、沉敛。譬如，气由丹田经尾闾，上行督脉，经百会，下行任脉，归于丹田，此为小周天。行气如九曲珠，气运全身，气遍周身，牵动往来，周而复始，这就是行气，大意如此。然而，行气有方法，还得有师父口传心授。行气，宜先养气，使丹田之气凝聚饱满，再来运行，否则，火烧空锅，于事无补。气如何养？韬光养晦，淡除五欲，清心寡求，气乃能直养。

太极拳的行气，与一般气功是有别的，普通气功只能养生，无法成就内劲，所以，虽然所练的气，是同样的气，但方法、内涵是不同的。如果误认一般气功与太极拳行功相同，而以此想成就太极内劲，是不可能的。然而，太极拳之行功，也是气功的一环，不可谓太极拳不是气功。读毕行功心解全文，即可了然太极与一般气功异同之处。

## 第二节　务令沉着

务，作必须解，必须要这样，一定要如此的意思。令，作使或让解，也就是必须使这个气沉着，让这个气沉着。这是接前一句的以心行气而说，一定要让这个气沉着的意思。如果，行气而不能沉着，这个气就不能收敛入骨，不能收敛入骨，则无法汇聚累积而成就内劲。

气沉着的感觉是怎样？如何感觉气是不是沉着的？这是一般初学太极拳者普遍的问题。气，不管是外面的空气还是体内的炁，都是有质量的，虽然我们的肉眼看不到，但它确切是一个量能，有一定的质量与重量。只有苦心孤诣，有恒心、有毅力的人，坚苦卓绝之人，经过常久的以心行气及以气运身，经过极松柔，不用一丝拙力的修炼，令气慢慢地沉入丹田，沉入脚根，沉入手臂，终而能自我感觉到气的沉着。

气的聚集丹田，是经过长久的以意念的行功运气而致，经由腹内松净，然后沉聚于丹田。练功时透过灵静、意守、正心诚意，日久而气始沉聚于丹田。这里所谓的腹内松净并不是狭义的指腹部之内，而是泛指整个身体之内，包括周身的神经、肌肉、骨骼、筋脉及气的运行等等，都须松净，不着一丝拙力。

经过长久的修习，内气逐渐充满、厚实。当气沉聚于丹田时，丹田处会形成一个小气囊，像是一个小圆球，用手掌压按，气会往丹田四方流聚，就像气球受压挤的情况一般；而且能感觉丹田的富有弹力，会回弹、反弹。

气凝聚于丹田，可以抗打击，因为那个如小气球的囊，有承受力击的作用，也能接住对方的来力，加以反击。

气，是可以被守护的，是可以被照顾的，只要好好地守护着它，照顾着它，它就不会乱跑，不会散漫。

气要如何沉至丹田，靠的就是一个松字，松了，气自然会慢慢下沉，一用拙力，气就虚浮。

练气首要就是要松，松才能沉，沉了，才能凝聚，凝聚了以后，就是守着，不要让它跑掉。

气，是靠意念来系守，守着气，照顾着气，好像照顾一个小孩，不能让小孩丢失，所以就得专心一意地，凝神安静地，恭恭敬敬地守护着它，把气当作宝贝似地看顾，这样它就会乖乖地安住在神殿丹田中，不失不离，永远与你同在。

行功心解中段有说到："气以直养而无害"，气的直养，就是把气沉守于丹田，让这个气海的容量越深越广，因为永不溢损的原故，气就更结实、浑厚，并且富有韧性，充满弹力。

这些论述，都是祖师们的老生常谈，说了再说，反复地重说，目的是要将这些观念植入后辈晚生的脑海深处，有了这个知见，就能不即不离，时常把气守护着，照顾着；你如果眷顾着它，它就会乖乖地留在你身中，与你同在，功夫行深时，气就收敛入骨，汇聚成内劲。

内劲比气更深沉，更入里，更有质量，所以手臂提起来总比人更沉重，没有出力，却令人感觉很沉。

若还感觉不到气的沉，只有更努力的深耕修炼；气的少量凝聚，有时是感觉不出来的，当感觉到气沉之时，它已是累积到一定的深度、层次了，也就是内劲已逐渐圆满茁壮，此时已然成就了太极拳少量的功夫了。这个时节，很多功夫都会莫名其妙地衍生出来，很多的招法、用法，都将延延不断地生出，而能融会贯通；然后，你也能将这个沉、与气敛的感觉说与人听，让人真正体会什么是沉。

气沉着的前提，是一个松字。什么是松，松的真义又是什么？

太极拳松的练法是一般武术所不能理解的，一般人总认为武术是离不开力的，就一直偏向力的追求，所以都是需要借助一些外物以及击破等的练习，或者苦练皮肉筋骨，使其坚硬如铁。太极拳往松柔的路线追寻，向练气的方向探索，太极拳强调用意不用力，更强调松。

太极拳讲求松柔是正确的，但是如果误解了松的真正涵义，将会流入体操式的太极拳，只是外表拳架姿势优美而已。

松柔的目的，是让气能沉着，顺畅而不滞碍，令神经舒放，使肌肉筋骨扩展而不疲劳。身心舒松静定后，加上神意的驱动与导引，能令气腾然，腾然后敛入骨髓，日积月累，形成内劲，蓄而备用。松柔是令气沉着的方法，气的沉着是敛聚内劲的必要途径，内劲才是太极武术的真正内涵。

然而，松，被大部分的人误解了，以为松，是不着一丝力，像泄气的皮球，软趴趴的。以为松，就像柔软体操一样，脚能抬得高高的，腰能弯至贴脚，劈腿成直线，这些只能说是肢体的柔软度好而已；真正的松，不仅是肢体之美，还含盖意的流露与气的沉敛，劲的荡动，脚根的盘踞如山，腰、腿、腕、掌的拧、缠、扭、弹等等，说之不尽。

松，不是松懈、松散，不着一点力。松，只是不着拙力。拙，是笨劣的意思，是顽固不冥的，是蛮横呆滞的，是阻碍不畅的。使了拙力，气则结滞不能沉着，劲则不生；松懈、松散，气亦不凝，劲亦不生。

不着拙力，不是完全不用力，如果不用力，手提得起来吗？脚踏得出去吗？腰能动转吗？所以还是得用力，然而用力只是让身体手脚发生动转的机制而已，它不是练劲的法。力，只是让肢体启动；气，才能令内劲潜沉。

松，只是外表看来似松，而内里则是摧筋拉骨的，是涵盖二争力的抗衡的，是气的驱动，意的导航，神的凝思，是无限密集的内在滚荡，所以松柔其实是生机勃勃的，是气机盎然的；松，非松散、懈怠、虚浮飘渺的。行功心解末段云："劲似松非松，将展未展"，似松非松一语，已道尽这个松并非顽松，并非松散、松懈。如果不会运气，只是身体松软，那是成就不了功夫的，宜认真思维、体悟，如果悟错了，在矛盾中找不着结头，就会陷入迷雾之中，永远到不了目标。

## 第三节　乃能收敛入骨

乃，是一个副词，作"才"解，才能够的意思。整句白话而言，就是说：用心意调运导引这个气的流行，一定要沉着松净，才能使气收摄敛入于骨。

骨，是由有机物和无机物组成的，有机物主要是蛋白质，使骨具有一定的韧度；无机物主要是钙质和磷质，使骨具有一定的硬度。人骨既有韧度又有硬度，儿童的骨，有机物的含量比无机物多，他们的骨，柔韧度比较高，老年人的骨，无机物的含量比有机物多，他们的骨，硬度比较高，容易折断。

骨有造血功能：骨髓在长骨的骨髓腔和海绵骨的空隙，透过造血作用制造血球。

骨有贮存功能：骨骼贮存身体重要的矿物质，例如钙和磷。

骨有运动功能：骨骼、骨骼肌、肌腱、韧带和关节一起产生并传递力量使身体运动。

以科学及人体生理学而言，骨有造血及贮存功能。血必须有气的引助才能循环无碍，骨骼能贮存钙和磷等矿物质，也能贮存人类肉眼所看不到的气，若没有气这个肉眼看不到的能量，就无气息生机可言。

修习太极拳，透过松柔、静定、正心诚意等等机制，使体内这个无形无象的气，产生某些不可思议的量能变化，使气产生腾然之作用，腾然之后就会熏入于骨骼筋脉之中，这就是收敛入骨，也就是透过以心行气、务令沉着及种种太极的修炼方法，使气产生腾然作用，进而收摄敛入于骨。

行功心解云："先在心，后在身。""腹松，气敛入骨。""神舒体静，刻刻在心。"太极拳之行功，心与身都必须相互连结、贯通的，先在心，后在身，心是主人翁，身是侍从。

这边说到腹松，气敛入骨，腹松，是说丹田之气要松净、顺畅，不可结滞、迟钝。若能神舒体静，刻刻在心，腹内松净，则气腾然，然后气敛入骨。十三势歌云："刻刻留心在腰间，腹内松净气腾然。"这边又反复地说，要时时刻刻把心驻留在腰间这个丹田之气，这丹田之内的气若能松净的话，气就会腾然起来。气腾然后，收敛入骨，日积月累，汇聚成内劲。

某些人不相信行功心解这些理论，不相信有内劲这个东西。我们可以自己实地去作试验。譬如，腹内松净气腾然这句话，如果能把心真正安静下来，不存一思杂念妄想，很专注地意守丹田，体内的气就会有热腾的感觉，如果没有热腾的感觉，就是自己的心不够静定。

气腾然就像烧开水，水烧到某些热度后，就有烟雾蒸气产生，又譬如，煮菜油烟腾起散开，若不擦拭，日久就会积存一层油渍，如果厨具是木制品，有微细孔，这些油气就会渗入木头里面。依此逻辑，体内之气，于腾然后，渗入收敛入骨当可推理而成立。

# 第二章　以气运身，务令顺遂，乃能便利从心

## 第一节　以气运身

以气运身是说用丹田之气运行周身的意思。这边的主从关系，气是主，身是从，必须先得凝聚足够的气，丹田有饱满的气，才能行运全身。所以学练太极，最重要的课题，就是先培养正气，养足丹田之气。这就好像以水力发电，必须先将水库的水储存聚满一般，若无足够的水，电将无从而发。那么，气要如何养呢？还是那句话，正心诚意，恭恭敬敬，把心安住下来，然后把气固守在丹田，好好地照顾着它，不即不离，正是行住坐卧，不离这个，这个"这个"，就是所谓的意守丹田、气沉丹田是也。

养气可以利用站桩来培养，不仅可以打好下盘的基础及手的掤劲，也是气沉丹田的锻炼方法。养气必须注意三件事：

### 一、要松

全身上下皆松，不存一丝拙力，精神放松，没有半点杂念妄想。

### 二、要静

心平气和，精神贯注，体静心静。

### 三、用意

以意导气，心向内收摄、观照、思维。

本章因为气是主，身是从的关系，所以要特别强调气的重要性。

气，在人体中占着极为重要的地位，在太极拳武术当中，气的地位也是最为重要的。气，在体内用以温养、运血、滋润全身；以气运身，不只可以达到温养、运血、滋润全身的健康养生功效，在太极拳的技击功能之中，因为有气的运行、牵动、鼓荡、吞吐、折迭、蓄放等等作用，所产生的不可思议的内劲，能在瞬间迅雷不及掩耳地爆破，这种意到、气到、劲到，所引发的强烈完整一气的爆发力，远非斯技旁门所能比拟。

如何以气运身？行功心解里说到："往复须有折迭，进退须有转换。"又说："牵动往来，气贴背，敛入脊骨。"又说："运劲如抽丝、气如车轮"又说："行气如九曲珠"等等，都是在叙述以气运身的方法，这些将会依顺序专篇的一一细说。

## 第二节　务令顺遂

顺遂：顺，是顺畅没有阻碍，遂，是妥当如意。务令顺遂就是说，以气运身时，务必要使气通顺畅达，没有一丝阻碍，要使这个气称心如意，舒展而不拙滞。俗话说："通则不痛，痛则不通。"意思是说一个人的身体，如果气通达顺畅，就不会有病痛，若是有病痛，乃是气不顺遂的关系。所以，人的身体是否健康，与气的顺遂是有连带关系的。为了健康，为了使气顺畅，因此自古就有很多类似气功的功法之衍生，如八段锦、五禽戏等等以及近代的各式各样气功如雨后春笋般的创新，颇令人眼花缭乱。

太极拳也是气功的一环，含盖了养生健康内涵，而养生健康只是太极拳的副产品之一，太极拳还兼具一般气功所没有的内劲武功，有较深的技击防卫艺术。

修炼太极拳，无论是站桩或基本功，或拳架、推手及高深的散手技击，都有行功运气的内涵，如果缺少这个行功运气，则不得谓之太极拳，是属于斯技旁门之属。以心行气，以气运身，是太极拳最重要的内涵，所以，行功心解开头就列出此二句，令后学之人能知所重视。

太极拳之行功，除了呼吸吐纳调息之外，还有肢体的动作相配合。

先说呼吸要如何才能顺遂？呼吸就是吐纳，吐旧纳新。将外面新鲜的空气，经由鼻腔吸入体内，再将体内之废气毒素排出体外。但是，如果只用平常之自然呼吸，效用是极微的，所以必定要透过学习太极拳的呼吸，始能得益。

一般的运动，纯是肢体之活动，不能运动到体内的五脏六腑；而太极拳的呼吸、吐纳运气，是着重在五脏六腑的运动，借由吐纳导引，驱使横膈膜上下鼓荡，使内脏得到活动与温养，达到健康长寿的目的。

一般的呼吸都在肺部胸腔，太极拳的呼吸在下腹丹田处。丹田，是凝聚真气的地方，因为可以无穷尽聚存真气，像大海能纳百川，永不溢满，所以才会说气以直养而无害，永不溢损故。

呼吸要深、长、细、慢、匀。以气运身之时，要深及下腹丹田处，气要拉长，要很微细，而且要很慢而均匀舒遂，不可急促气喘或憋气。

呼吸调息有四相：

## 一、风相

呼吸时鼻中气息出入感觉有风声，这是呼吸之病。

## 二、喘相

呼吸虽无声，但气息出入，结滞不顺畅。

## 三、气相

呼吸虽无声亦不结滞，但出入不细。

## 四、息相

呼吸无声、不结滞、不粗，出入细细绵绵，似有似无，若存若隐，神气安稳。

前三相，是不会呼吸，不懂得呼吸，是不顺遂的呼吸，第四相是正确的呼吸。所以呼吸是有学问的，想练就好功夫，先得练会呼吸，否则将会落到"练拳不练功，到老一场空"的窘境。

太极拳之呼吸，大部分是采腹式呼吸，也就是丹田呼吸。吸气时，把下腹微微内缩，将丹田之气，引至背脊及两肾之间，谓之气贴背。此时横膈膜往上升，鼓荡了内脏。

吐气时，将废气慢慢吐出，此时虽是吐气，而体内之先天真气会往下沉，要练习至气沉入丹田，在这同时，因气之下沉而令横膈膜往下压缩，也鼓荡了内脏，这就叫内脏运动，内脏透过这样的鼓荡作用，气血即能顺遂畅通而活络，生机蓬勃，使人神清气爽，健康而有活力。

腹式呼吸法，能够吸进大量的新鲜空气；胸式呼吸，在吸气时无法完全膨胀肺叶，吐气时也无法将废气完全排出。所以腹部呼吸是比较好的呼吸，也是人在婴儿时采用的呼吸。

在拳架动作方面，练拳配合呼吸，原则为：开为吸，合为呼；提起为吸，放下为呼；蓄劲为吸，发劲为呼；如果某个动作过长，中间可以加一个小呼吸，以资润饰接续，顺利完成呼吸。

所谓顺遂，就是顺乎自然原则，不刻意，不矫揉，不造作，不故意去努力憋气，脸红脖子粗，不装模作样，扭腰摆臀，手指乱抖。气，顺遂了，才能便利从心，为心所用。

## 第三节　乃能便利从心

便利，便，是方便、安适、顺当之意；利，是有益处，有功效，有作用。从，是依顺服从；从心，就是依从心念，顺随意念的意思，也就是随心所欲的意思。

以气运身，离不开意念，以气运身，强调的是顺遂。兹分两方面来叙述：

### 一、意念

用意不用力，是太极拳口诀，用意，是以内在的意念思想，去引导驱动外在的肢体活动。盘架子，如果缺少意的维系，则是空架子一个，没有内涵，缺乏拳韵，只是一具没有灵魂的躯壳在舞动，就如戏中缺了主角，看起来就不会那么精彩生动，扣人心弦；又像一篇文章，只是词句华丽而没有结构主题内容；又彷如绣花枕头，只是外头好看。练拳不用意，没有以心行气，只是体操而已，不能成就太极内劲功夫。

用意，乃神意相守，心息相依，耳目内听返视，内心深处若有所思，如有所盼，敛而不露，将意念融入拳中，如是，则内外相合，上下相随，意动气随，气随劲生，劲藏入骨，功力渐成。

然而，用意，需要正规适当，否则将会变成刻意。

刻意，是用意过了度。刻意就是使用了蛮力、僵拙力；身体一旦使起蛮力，肌肉及神经就会呈现紧张状态，骨突筋露，动作呆滞不灵，显得造作不自然，没有松柔感。

刻意，将使气血循环受阻，反应迟钝，无益健康；在技击搏斗时，易受制于人。刻意，也将无法达到顺遂的境地。

练拳要勿忘勿助。勿忘，就是不要忘了用意；勿助，就是不要太刻意，无意不对，刻意也不对，总要在有意无意之间才对。拳经云："无过与不及"，正是此意，要在矛盾之中去领悟道理。

## 二、顺遂

所谓顺遂就是要做到拳经所说的："无使有缺陷处""无使有凸凹处"，"无使有断续处。"分述如下：

1. 无使有缺陷处

以拳架而言，不平不整谓之缺陷。重心失去平衡，没有中定，谓之缺陷；虚实变化不灵，阴阳没有分清，含混略过，谓之缺陷；没有贯串，完整一气，谓之缺陷；身形不协调，上下不相随，左右不对称，内外不相合，谓之缺陷。以推手或实战而言，无法使出整劲，劲不接地，没有其根在脚，主宰于腰，谓之缺陷。

2. 无使有凸凹处

上下起伏不定，忽高忽低，摇摆不稳，飘浮无根，都会形成凸凹处。

神离、意断、气不顺遂，会形成凸凹处。发劲着力，脚未接地，手脚分段离析，易形成凸凹处。发劲气不凝，着了拙力、蛮力、硬力，会形成凸凹处。

3. 无使有断续处

断续就是断离不连接之意。打拳架没有如行云流水，滔滔不绝，绵绵密密，把动作分开使运，没有透过折迭、转换把每一式接续贯串起来，即成有断续之处。发劲时，意与气不相合，气与劲不相合，没有完整一气，则落于断续之病。

没有其根在脚，发于腿，主宰于腰，形于手，没有把它一气呵成，即是落于断续之处。

有缺陷之处，有凸凹之处，有断续之处，身便散乱；身散乱，则气不凝；气不凝，则劲不聚，在实战时就不能得机得势；不能得机得势，则是挨打的架子。没有缺陷之处，没有凸凹之处，没有断续之处，始得谓之顺遂。

# 第三章 精神能提得起，则无迟重之虞，所谓顶头悬也

## 第一节 精神能提得起

精神是指精、气、神而言，精气神是人体生命活动的三大要素。

精，广义而言含盖精、血、津液，狭义而说专指藏于肾中之精。精，原于先天而养于后天，相辅相成。

气，先天元气存于丹田，后天之气，指呼吸与水谷之气，两者也是相辅相成。

神，是生命的主宰与象征，先天之神谓之元神，通俗所称的神，是指意识思维活动所展现的情绪。

精气神三者互相转化依存，凝聚者为精，流行者为气，妙用者为神；精足则气旺，气盈则神聪。精为基本，练精可化气，练气可化神，练神则还虚，是为修练太极之三部功夫。

精神能提得起，是说精气神三者皆充足凝聚，所表露于外在的精神、气势、神采等等，就能显现提升起来。所以，精神能提得起的前提要件，就是精气神三者兼具充沛；若是缺乏其中之一，精神就提不起，展现于外的将是萎靡不振、垂头丧气、神情衰颓、郁郁忧伤。

精神能提得起，于内而说，就是精气神充聚；于外而言，

就是本章第三节所叙的顶头悬，在肢体外形上，必得做到顶头悬才能使精神提振起来，这部分将于第三节细说之。

## 第二节　则无迟重之虞

迟，就是迟缓、迟钝、呆滞。

重，就是笨重、拙劣、不灵活。

虞，是忧虑、顾虑的意思，也是指一种弊端、毛病的意思。

这是接续前一句"精神能提得起"，而说"则无迟重之虞"，也就是说，精气神三者充实，能提起来，那么，就不会有迟缓、迟钝、呆滞、笨重、拙劣、不灵活等等的弊端、毛病与顾虑。

学练太极，除了精神提不起来，而有迟重之虞外，其他还会有迟重之虞的，还有下列几种，是值得注意的。

1. 执着拙力

不肯放弃先天拥有的蛮拙之力，不愿意走"以心行气、以气运身"的松柔路线，固执于蛮刚顽拙的呆滞之力。用上蛮拙之力，气则虚浮而上，难免气喘，动作钝怠，而犯"迟重"之病。

2. 没有完整一气

"完整一气"这个名词，只有太极拳有，太极拳经云："其根在脚，发于腿，主宰于腰，形于手指；由脚而腿而腰，总须完整一气。"不论打拳架、推手或散打，都不能离开这个完整一气，若离开这个完整一气，手是手，脚是脚，腰是腰，分崩离析，就成为"断续"状态，成为"断劲"状态，因为没有"整劲"的缘故，则有迟重之虞。

### 3. 不知虚实变化

虚实变化，不论在拳架或推手实战，都占着极为重要的地位。

在拳架中，虚实转换不灵，或虚实变化不清，含混略过，就不能呈现太极如行云流水般的柔顺优美，就不能表露像滔滔江水般的豪迈气势，相反而言，就会表现出"迟重"的弊病。

在推手或实战中，如果没有虚实的神变，就会现出"迟重"的毛病。以脚的虚实来说，在移步腾挪、前进后退当中，就会显得滞碍不活；以手的虚实来说，听劲不灵敏，虚实变转呆钝，则将成为挨打的架子；以丹田之气的虚实来说，意与气的转变不灵，则无圆活之趣，也落入迟重之虞当中。

### 4. 桩功没有成就

下盘不稳，桩不入地，发劲无法借力，因为没有桩功做基础，不会发劲，在推手或实战当中，只能硬取，使出浑身蛮力，落于"迟重"之病。

## 第三节　所谓顶头悬也

顶头悬，就是把颈项竖立起来，使头顶保持正直安舒，使气血顺畅无碍，头顶悬立起来，精神自然能显现出来，精神能提起来，则不会有"迟重"的毛病。

顶头悬，就是拳论所说的"虚灵顶劲"，又称为"虚领顶颈"。

虚灵顶劲，就是将颈部虚虚轻轻地领起，不要垂下来变成垂头丧气，也不要往后仰，眼睛长在头上，显示出傲慢相。顶劲，是将颈椎轻轻向上顶起，用内气、内劲轻轻顶着，不是使用硬力、拙力去顶，"顶"字往往被误会成用力顶，如果用力顶,则违反拳经所为"不丢不顶"的原则,丢了就不能虚灵,变成冥顽,脑筋暗顿。所以"顶"是涵拔的意思,含盖着掤意在内,能使气血通达百会穴,然后往下而气沉丹田,令气在体内循环无阻。这边太极拳论"顶劲"用"劲"字,很显然是要以心行气的,是要运到内劲的,才能使气通行的。

行功心解所谓的"顶头悬",就是虚灵顶劲的意思,能"顶头悬",则能"精神提得起,无迟重之虞"。古时候的人留长头发,扎辫子,将辫子往上拉,头就挺拔直立起来,就会有精神,不会昏沉打瞌睡,读书才能记忆,这就叫作"顶头悬",把头悬起来,顶起来就叫作虚灵顶劲。下颌微微往内收,就能虚灵顶劲,就能顶头悬。我们看武圣关公相,正身端坐,一手拿千秋大刀,一手揽着胡须,眼开三分,虚灵顶劲,一副正气参天,正气凛然的威仪,就叫人生起敬畏之心。这是虚灵顶劲,这是"顶头悬"。虚领顶颈与虚灵顶劲,是同一意思,只是后人在遣词用字有别而已,是相通无异的。

我们的颈椎,是由多个椎骨串连起来的,它也是蛮脆弱的,稍不留意就会受到伤害,那么颈椎的底部需要有个依靠,就像积木一样,底部需要稳当,如果底部摇晃,上面的积木就会全部崩塌下来。所以需要虚灵顶劲,以内气作为颈椎的依靠,那么在头颈受到剧烈摇晃时,才不会受到伤害。

19

# 第四章 意气须换得灵，乃有圆活之趣，所谓变转虚实也

## 第一节 意气须换得灵，乃有圆活之趣

气是被意念领导而运行的，气若无意念的驱使、导引，则人体的一切行动、运行，都将是一般平凡普通的活动而已，无法成就太极功夫。修炼太极拳，意与气是不可或缺与分离的，也因为有意与气的结合，使得太极拳成为与众不同的另类武术，使得太极拳更具柔刚之美，使得太极拳成为体用兼备的功夫艺术。

意与气之间的转换变化，必须机动灵活，打起太极拳才会有圆融活泼的趣旨与韵致。那么，意与气之间，须如何才能转换变化灵活呢？太极拳要如何打，才会有圆融活泼的趣旨与韵致呢？

气的灵活转换，除了意念的驱使之外，还得依靠丹田的纳吐、蓄蕴、折迭、鼓荡等等机制的运行，相互而成。纳吐，就是腹式丹田呼吸，借由丹田的鼓荡输运传送，使之起到运转作用。蓄蕴，就是把气蓄养积存蕴藏在丹田，也就是气沉丹田之意。折迭，会在往后的章节"往复须有折迭"中，专章论述。鼓荡，气的鼓荡分为内与外。内，指由呼吸吐纳，促使横膈膜上下压缩，振荡内脏，使五脏六腑得到运动与温养，达到强化

内脏的作用，使体内气机活化，激发脏腑功能，强壮内脏。外，指外面的空气，体中之内气要与外面的空气，互相摩荡，产生一道道的阻力与暗劲，借由内外气之互摩相荡，产生往复折迭的圆弧回旋力，圆弧回旋的往复折迭，成就连绵贯串的圆顺活泼之太极韵致意趣。内外之气的鼓荡，当然得透过练气阶段才能成就，所以太极拳是要练气的。

当丹田之气凝聚饱满，透过太极拳的种种修炼，就能以意导气，意到气随，气到劲到，这中间的快速传递，彷如迅雷不及掩耳，达到发劲人不知的高深境界，也就是说发劲打到人家身上，对方还未有所察觉，等到感知时，已被打出丈外去。为什么能够如此呢？当丹田之气成就圆满，即能透过意念的驱动，只要"下意识"里一作意，也就是说在心里起一个意识念头，就能引动丹田之气，去作发劲、化劲或连消带打或化打合一的太极甚深功夫。

意气要换得灵，第一，必须以意导气，第二，必须以丹田作为行运换气的依归。意，分为意识、潜意识、下意识等。

**意识**

是可以清楚明白辨识、分别、表达现实的活动，简单地说，是人大脑心智可以明显认知现实生活的一切活动。

**潜意识**

潜藏而不表露在外面的认知、思想等心智活动，潜意识具有记忆储蓄功能，潜意识能像计算机数据库，可以储存人所有一切活动造作和思想行为等等。人从出生到老死的所做所为、所见所闻等一切业种，都会进入潜意识并储存起来。

**下意识**

包括可以马上转为意识的讯息，它不是在意识的层次里，此类讯息包括不常用的记忆，但需要时即可浮出意识的层面。

第四章　意气须换得灵，乃有圆活之趣，所谓变转虚实也另外，有些自动化的行为也储存在下意识中，自动化的行为是指不需意识决策的动作或行为，例如：在路上开车，你需要看路、踩油门、打方向灯、听音乐，转弯同时和人交谈，你可以一次做这么多事，是因为开车已经变成自动化的动作了。

修炼太极拳，透过意识的传递、认知、辨识、思维、整理、统合等作用，使得所有动作、感觉、反应等被大脑所记忆，并储藏在潜意识之中，有些反射作用会变成自动化，成为下意识，在紧急而必要时，自动反射出来，譬如，推手或搏击时的听劲、化劲、接劲、化中带打等等反应，可以不经意识地传达，而迅速地做出必要的保护与反击动作，自然地达到圆活、融通之趣旨，这些都是"意气换得灵"的修为所致。

## 第二节　变转虚实

虚实，就是阴阳。太极的内涵，就在阴阳之中，阴极而阳生，阳极则阴生，阴阳互动转换，即是太极。在太极图中，阴不离阳，阳不离阴，阴中有阳，阳中有阴，阴阳互消互长，相辅而成。拳论云："阴阳相济，方为懂劲。"阴阳就是虚实，懂得虚实变化而且变化得宜，才是懂劲之人。拳论云："偏沉则随，双重则滞；每见数年纯功，不能运化者，率皆自为人制，双重之病未悟耳。欲避此病，须知阴阳。"

因为不懂得阴阳虚实变化的缘故，无法运化对手的来势与劲道，而造成"双重"的局面，所以都会被人所牵制，这都是"双重"的毛病没有悟通；想要避开这个毛病，必须知道阴阳变化之道，必须懂得虚实变转之理。

## 第三节 虚实与双重

拳论云:"偏沉则随,双重则滞。"

一般所谓的"双重",都局限在双脚的比重,只要两脚五五等分站着,即责之为双重。个人以为,双重应该是广义的泛指全身的虚实而言,非狭义的专指两脚之双重,两脚之双重未必会影响全身的走化,所谓"偏沉"就是转变虚实,虚实善于转化,敌则落空;不会变化虚实,才有双重呆滞之虞,能领悟体会这个道理,则无双重之病,才能说功夫已臻纯熟;若不能领悟体会这个道理,虽然脚无双重,虚实分得清,然而如果周身全体之虚实不能变化,仍然是落于双重的态势。十三势歌云:"变转虚实须留意""因敌变化示神奇""屈伸开合听自由"。行功心解曰:"步随身转,收即是放,断而复连;往复须有折迭,进退须有转换。"这些全部都是在强调虚实变化的重要,所谓"懂劲"必是包括懂得变化虚实在内;懂得变化虚实,才能便利从心,才能随心所欲,意气才能换得灵,才有圆活之趣。

某师谓:"所谓总此一虚实者,即其根在脚,将全身重量必须放在一只脚上,若两脚同时用力,便是双重,双重即如少林拳马步,此为太极拳最忌之大病。"大师此段话,为后来学太极拳者奉之为圣旨,特别强调全身重量必须放在一只脚上,不可双重。

脚之双重非病,也非太极拳之大忌。少林拳马步可以用来单练桩法,练太极拳也有马步桩法之练习,如浑圆桩等是,所以学练太极拳者,不可藐视他家拳,他家拳种也有另面的优点。

太极拳经云："虚实宜分清楚，一处有一处虚实，处处总此一虚实，周身节节贯串，无令丝毫间断耳。"拳经说，虚实应该分清楚，一处有一处虚实，是指全身各处均有各处之虚实，非局指脚之虚实；处处总此一虚实，是说每一个地方都要有虚实变化，非专指脚之虚实；周身节节贯串，说到周身，即全身各处，节节，即各个关节，皆要贯串，也就是要连贯灵活的变化虚实，不能有一丝一毫的间断，间断，就是不连贯，不灵活，不能变化虚实。

拳经并未说，打太极拳必须将全身重量放在一只脚上，若两脚同时用力，便是双重，拳经所说的处处总此一虚实，并非专指脚之虚实而已，而是教我们要周身节节贯串，不可有丝毫间断的。如果固执于全身重量必须放在一只脚上，而不明白处处总此一虚实的道理，就会走入死胡同，不能达到"纯熟"与"懂劲"之境地。

此师所谓："所谓总此一虚实者，即其根在脚。"个人以为"处处总此一虚实"者，绝不仅止于脚，因为它的前面还有一句"一处有一处虚实"，已经很明白地说明全身上下，都有虚实的，绝不止于两脚重量的虚实，应该还包括无质量的虚实，如声东击西、引君入瓮、以退为进、引进落空、故呈败状、假假真真等各种欺敌手法，都在虚实变化之范畴。

"其根在脚"，是指发劲或打拳架之质体而言，非专指虚实。因为拳经明白指出"其根在脚，发于腿，主宰于腰，形于手指，总须完整一气"，是在叙述发劲或打拳的要领，发劲必须根于脚，再由腿而腰，形于手指，如此始能完整一气，才能发出整劲。拳论并未说"处处总此一虚实，即其根在脚"，而是说"处处总此一虚实，周身节节贯串"，拳论强调的虚实，是泛指全身要节节贯串，亦即周身之虚实皆须贯串起来，不能分开，不是片断的，不是局部的，也不仅止于脚。上虚则下实，前虚则后实，左虚则右实，所谓左重则左虚，右重则右杳是也，要因敌变化而示神奇，非固执偏重于双脚的虚实与双重。

读经看论，不能依文解义，也不必人云亦云，毫无主见。如果闻而不思，依样画葫芦，则无法跳脱别人所划的框框，只能在框框中翻来覆去，永远不能融会贯通。

两脚双重非病，周身虚实没有变化，才是病；全身虚实不能变化，处于受制地位，才是挨打的架子。两脚双重，还有身体可以变化虚实，故言非病。

## 第四节　双重之病未悟耳

一般的太极拳老师，都把两脚站立的比重相等，解释为"双重"，认为这就是王宗岳老前辈拳论所说的"双重之病"。若是这么简单，则老前辈就不会说"未悟耳"这三个字，如果只把两脚站立的比重相等解释为"双重"，就没有所谓的悟不悟的问题，只要把两脚的重量调整好，分清虚实，那不就没有病了？如果真这么简单，那还有什么可"悟"的呢？

王宗岳老前辈的拳论云："偏沉则随，双重则滞；每见数年纯功，不能运化者，率皆自为人制，双重之病未悟耳。欲避此病，须知阴阳。……阴不离阳，阳不离阴，阴阳相济，方为懂劲；劲懂劲后，愈练愈精，默识揣摩，渐至从心所欲。"

下面我们将整段文字，一一化解，庶几可以了解前辈语重心长的叮咛，是在说些什么道理。

首句"偏沉则随"，"偏"，就是侧重一面，偏移转换方向、角度之意，所以偏不局限于双脚比重的偏，还含盖全身虚实的转换，更深入地说，它是含盖"气"的虚实转换，因为行功心解有谓:"能呼吸,然后能灵活",所谓能呼吸就是知道如何呼吸,懂得如何呼吸,这里所说的呼吸,不是指鼻腔出入息的呼吸,而是指丹田之气的蕴蓄、吞吐、折迭、转换、运行等等,所以才要说能呼吸;如果是鼻腔的呼吸,任何人都会呼吸,则不需谓"能呼吸"。能运转丹田之气去转变虚实,才得谓之"能呼吸",懂得了丹田的呼吸运转变化,才能到达"能灵活"的境地,所以,如果把"能呼吸"误指为鼻子呼吸,那么,与"能灵活"又有何涉呢?若是把"能呼吸"误指为鼻子呼吸,则将是"失之毫厘,谬以千里",误会大矣。

"沉",在方向偏移、转换、侧重一面后,还要沉。沉,包含肢体的沉与气沉;沉,才能接劲,把对方来势、来力承接起来,所以,如果没有练出沉劲,而只是双脚在那边移步、腾挪或身体在那边摇晃、俯仰,都还是属于不会化劲或接劲的人,都是"功体"未"纯"之人,都是"纯功"未成就的人。

偏,有肢体的架构形态,属于外形的;沉,除了外形身势下沉外,还含盖最重要内涵的气的下沉,若只是身体下沉,而气不下沉,仍就不能接化来势来力,就会变成以身体的歪七扭八姿势去应付走化。

"则随",随,是跟随,跟着走,把对方的来势、来力因为自己方向的偏移、转换、侧重一面后,跟随着走化掉,而随顺我的势力,顺势把对手打发出去。"随"意涵着随打之意,化打之意,化而打之,化打一气,化就是打,打中有化,这才是深谙变化虚实之人,而不是孤行一意地以偏概全的主张"全身重量只许放在一只脚上……若两脚同时用力就是双重"。双重的深意,如果只是局限于两脚同时用力,没有把全身重量放在一只脚上,那拳经之论显然已被肤浅化、低略化,价值就被深重的贬抑了。

"双重则滞",滞,是不流动,不畅通,不顺遂,行动被控制住,无法逃脱,一举一动都是滞碍难行,被牵制得动弹不得。为什么会被牵制、被掌控,不能化解,那就是犯了"双重"的毛病。

好,从这边我们可以来探讨,如果"双重"只局限于两脚,那么,当两脚站死时,身体是否还能动转?当然是可以的,当两脚站死时,气是否还能转换,当然也是可以的,所以,虚实变化是含盖全身内外的,上下内外都能变化的。

太极十三势歌云:"命意源头在腰际;变转虚实须留意,气遍身躯不少滞。"在腰际,是指丹田之气,十三势歌说,变转虚实须留意,气遍身躯不少滞,如果变转虚实只要留意两脚,那就不需说留意,后句又说,气遍身躯不少滞。气遍身躯,不只是全身之气的遍布及饱满而已,还有气的变转虚实,譬如右边被按了,右边的气变松转虚,让对方的势力落空消失,失去着力点,这就是拳论所说的:"左重则左虚,右重则右杳。"左重则左虚,右重则右杳,这句当然是含盖肢体的走化与气的虚实变转的,不是只局限于两脚的比重变化。

拳经云:"虚实宜分清楚,一处有一处虚实,处处总此一虚实。"虚实宜分清楚,不是外表形势上把体重虚实分得清清楚楚,分清楚,是指知所变化,在变化中还有虚实,这才是真正的分清楚,若只固执死意的坚持"全身重量只许放在一只脚上……若两脚同时用力就是双重",则非真懂虚实分清的实质。一处有一处虚实是说全身上下内外,每一处都能有虚实变化的机制,不单指双脚一处,所以才会强调一处有一处虚实。处处总此一虚实,所有变化的机制,都含盖在这虚实的灵活变转,如果虚实只局于双脚,则拳经就不必如此的重复论叙这个虚实了。

第四章 意气须换得灵,乃有圆活之趣,所谓变转虚实也

27

"每见数年纯功，不能运化者"，王宗岳老前辈常常见到，每见，就是常常见到，屡见不鲜之意。"数年纯功"，是指已经练了很多年，"功体"纯熟成就之人。纯功，纯粹指"体"而言，不含盖"用"，是指没有"体用兼修"之人，功体虽然纯熟练就了，但是不会运用，所以就不能运化，不懂得应用变化。运化，当然是指听劲的运作与虚实的变化。如果只会"全身重量只许放在一只脚上"，还是属于不能运化者，因为犹是不懂"一处有一处虚实，处处总此一虚实"之真义者，对虚实之义，没有融会贯通者。

既然已经数年纯功成就了，为何还不能运化呢？乃因不会"听劲"，不懂得真正变转虚实之理，以为"全身重量只许放在一只脚上"就已然是分清虚实了，就不是双重了。

"率皆自为人制"，对虚实真义，没有融会贯通，就会"率皆自为人制"，就会被制于人，被人所控制，虽有数年纯功，还是因为不知虚实之真义而不能转化虚实，终于还是落得"率皆自为人制"。

"自为人制"，是说自己主动送肉上桌，自己因为不知双重的真实义理，不懂得全身内外都有虚实变化的机制，而自套死局限在"全身重量只许放在一只脚上"的圣旨上，而自落败阙，终而"自为人制"。

"双重之病未悟耳"是这一段文的小结语。因为双重的毛病，没有悟得，不晓得双重真正的意涵，误把两脚同时用力就是双重当作座右铭，误以为全身重量只许放在一只脚上就是弃了双重之病，所以，虽有数年纯功，仍然不能运化，仍然要被率皆自为人制，纵然能够全身重量放在一只脚上，还是挨打的架子，纵然没有两脚同时用力，也依旧是挨打的架子。

"双"，就是两处的意思，而两处不限于双脚两处，它是含盖上下两处，左右两处，前后两处，内外两处，只要这些各各种种的两处，被制或自制于无法变转虚实，被固或自固于一个钝角、死角，绑结于一处，无法圆化顺开，都是属于双重的范畴。如果全身重量能放在一只脚上，在被打时，单脚却与被打点，结成一个死点，虽然两脚没有双重，也是犯了双重之病。反过来说，两脚虽然比重相等，但是在被打点，能够转虚，依然可以化去来力，这不算是双重。由此可知，双重不是概指两脚的。

"欲避此病，须知阴阳；……阴不离阳，阳不离阴，阴阳相济，方为懂劲。"想避开这个双重的毛病，要懂得阴阳变化之理；阴阳，就是虚实，实中有虚，虚中有实，虚虚实实，变化莫测；懂得虚实变化，就是阴阳相济，才能称之为懂劲。

"懂劲后，愈练愈精，默识揣摩，渐至从心所欲。"懂劲后，懂得阴阳虚实变化之理后，愈练愈精，体用兼备，终于渐渐能随心所欲。

默识揣摩，是说听闻之后，需默默的自己去辨识、思维，去揣测模拟，在老实练拳中去深思悟解，去印证，别人所说是否与经论所叙相契合。不是人云亦云，不假思索，全盘皆吞。

名师之语，是否正确，须与太极经论相比对，若悖离经论之言，皆非正说，需以自己之智慧去判别，若自无主张，以师为崇，是为情执之人。

# 第五章　发劲须沉着松净专主一方

## 第一节 发劲是什么？为何发劲须沉着松净？

一般人总是认为发劲就是肌力的极度发挥，加上距离与时间的快速爆发；只有太极拳反行其道，主张松净沉着，这是什么道理呢？

因为身心皆松柔净尽，气才能沉着，而后收敛入骨，汇集而成就极坚刚的内劲，透过极柔软，然后极坚刚的至理，成就甚深的太极武学。所以，不论是在练拳架功体的阶段，或在推手实战的致用阶段，都不能离开沉着松净这个原则，因为，只有松沉，才能使气凝聚汇合，也唯有如此，发劲打人，才能有专主一方的神奇效果，也因为发劲能专主一方，劲道绵贯完整，才能发而必中，拔人之根，摧敌防线。

发劲是什么？发劲是一种体内丹田之气的气爆而显发于外的摧破力，听起来好像很玄，一般人也不会相信。内劲，是气的养成而汇聚累积的无形质量，潜敛于筋脉骨骼之内，透过意念的牵引，即能向外施放。再透过其根在脚的打桩借地之力及丹田之气的鼓荡作用与手掤劲的支持，完整一气的瞬间爆发，这就是发劲。

发劲为何须沉着松净？气的沉着，是一种无形的基座，有了这个基座，在发劲施力时，才有一个依靠力、支撑力，气才能凝结完整，不会懈怠散漫。松，是不着拙力，把蛮拙之力丢弃，松净了，气也就跟着沉了，松净了，气血就通畅顺遂了，这才能在发劲时，没有一丝阻碍，疾速的瞬间完成爆破摧毁力道。

气的沉着，是周身俱到皆沉的，丹田的气要沉，手臂要沉，脚根要沉，节节贯串沉着，发劲时，丹田之气瞬间凝聚，向下打桩，借地反作用力，上传于手，如果有一处气不沉不聚，发出去的劲就没有依附，劲不凝结完整，没有渗透入里的威力。

## 第二节　发劲的要件

太极拳之发劲，必须具备三个条件，若无这三个条件，你在那边穷练、苦练发劲，练了一辈子，都将只是空壳子，都将唐捐其功，只能练成一身蛮力，翼求真功夫，徒劳辛苦。

### 一、必须下盘有根

拳经云："其根在脚，发于腿，主宰于腰，形于手指；由脚而腿而腰，总须完整一气。"这就是发劲的要领，其根必须在脚，脚有根，才能借地之力，才能借力使力；脚若无根，下盘不稳，借不到地力，那么，使出的将是手的硬力，蛮力，只是手的局部之力，无法发挥整劲，也就是未能完整一气。那么，下盘之根如何练就？透过站桩、拳架及一些基本功来扎实稳固你的下盘。

1. 站桩

松腰落胯，气沉丹田，前脚四分力，后脚六分力，前脚往后撑，后脚往前蹬，在前撑后蹬之中，心里凝想，脚是站在一张报纸上，双脚掌欲将报纸撕裂一般，是用脚掌之内暗劲为之，非使蛮力。如此，久练则脚之气劲下沉，就可入地生根。站桩，每天必须站半个钟头才能达到功效，如果怕苦，就练不到真实功夫。

2. 拳架

练太极，必须把架子先低练，落胯松腰，气往下沉，动作越慢越好，气越长越好。要以双脚掌来使劲，带动拖曳你的身体，不要以手局部的力量做动作，如果以手去主动飞舞，那是空架子，练不出功夫来。走拳架每天必须练一个钟头才能达到功效。

3. 基本功

就是把太极的招式拆开单练，基本上十式就够了，如能认真切实地练定可成就功夫。在闲暇时、站立时、候车时，均可利用时间练习，积久成功。

## 二、必须练就内劲

内劲，乃是经由长期的锻炼站桩、拳架、基本功，以及正确的养气，而累积沉潜在体内筋脉之中的一股无形的动能，它能随时经由意念的引导触动而同步爆破出令人惊心动魄的量能。内劲之爆发，纯是专气与意念而已，它不需距离加速度，却能快速而准确地专主一方击中目标，渗透人体之内里，达到技击的效果。

内劲的锻炼，由呼吸吐纳、导引，以心行气，以气运身，透过站桩、拳架、基本功之练习，令气沉藏聚集在丹田处，储而备用。再者，双手是技击最好的工具。发劲，最常用的就是双手两臂，所以必须将手臂之掤劲练就。

掤劲之练习，只需将两手臂轻轻提起，用意不用力，如捧物状，可由桩法之练习或拳架单练基本功而成就。日常生活中，站着、坐着、躺着，只需将手臂微微作意（心中生起一个念头），其实手也不必提起，只要有作意，气就到，劲就生，但是需长久而有恒的去累积，始克有成。

### 三、必须完整一气

完整一气，就是脚到手到，意到劲到，同步到达，简单说就是整劲的意思。拳经说："其根在脚，发于腿，主宰于腰，形于手指。"有些人误会，以为发劲是先由脚传导，经由腿，再由腰，最后再形于手指，误为一层一层往上传，中间变成有断续，造成断劲的情况。那么，这些人在发劲时，因为脚使蛮力，而使身体往上往前伸展，造成塌膝、身体虚浮，发出去变成空劲、断劲。所以拳经此句的后半段所说"由脚而腿而腰，总须完整一气"就变成很重要了。总须完整一气，就是整劲，它是同步同时到达的，不是层层分段上传的断劲。

完整一气，要由丹田之气来掌控，丹田一作意，气、劲兵分两路，一路传到脚根，如打地桩一般，将气、劲打入地底；一路传到手掌，以掤劲一贯而出，虽说兵分两路，却是同步同时到达，一气爆破，始得谓之完整一气。再说到借地之力。发劲并非全由脚来借地之力，譬如坐着或躺着，就不能由脚来借地之力，此时就得借臀部或背脊及其他的施力点来借力使力，这都只是杠杆与力学原理，它只是在发劲时所产生的后座力所得到一个依靠而已。

真正的行家发劲，纯是一气爆发而已，只是一念闪过，子弹已同时射出。借地借物之力只是发劲时微略附带的点缀罢了，如果心里还有一丝一毫的借力念头，则在发劲时，都已是慢了半拍。

## 第三节　沉与松

沉，是松透之后，气的累积成果。在松透后，气劲潜藏于筋脉骨髓中。

气是无形无色的质体，肉眼看不到，摸不着，但它是一种质量，一种元素，一种磁场。在松透中由于神意的培养、导引，日积月累，内气潜沉于体内，可以感觉到它的重量，沉沉，坠坠，胀胀，用时即有，不用时潜藏。

两臂上提，或按，或斜挥，或亮翅，当松净时，气劲往下沉坠，形成沉肩垂肘之势。手臂上举因地心引力的关系会将手臂向下吸引，在两互相牵引时，手臂与地面之间，似有一股丝絮维系着：手臂看似松柔，内里却隐隐潜藏一股无形的沉劲，它是隐藏不显的。

如果用拙力去提臂，所呈现的是懒漫、空洞、飘渺、虚无的，没有内容的，缺少沉劲的感觉。

双臂在松透时往下沉落，肩肘似断非断，有如吊着一只千斤锤。内劲有成就者，手臂重若千斤，这种功夫乃是长期日积月累，透过纯松的践行，敛气入骨的具体呈现，非一朝一夕可以致之的。

气不只能沉于双臂，沉于丹田，更能往下沉于双足涌泉，入地生根，稳固下盘。下盘沉稳，身能平衡，步能轻灵，虚实得以变化，也才能在发劲时，将沉藏于足根之内劲，借地之力，发人于寻丈之外。

所谓"吞天之气，借地之力，寿人以柔"，三句话蕴藏很深的道理。唯有松，气才能沉于丹田，才能运气、才能导气，唯有松，才能吞天之气而为我所用；唯有气潜劲藏，沉之于足，才能借地之力，发劲于人；唯有柔才能长寿，刚硬则易折易夭。

老子说："专气至柔，能婴儿乎。"意谓人如能专心一致地沉守着气，保持身体和精神至松至柔，清净无为，就能得到轻安灵静，就能专气沉守，气旺神聚，无所阻碍。体力充沛，心境柔和，就能迟缓老化，返老还童，返璞归真，如婴儿一般，永远保持童真纯洁，无烦无恼，快乐自在。

## 第四节　专主一方就是整劲

何谓劲？一般人总是不明白，以为劲就是力量，以为手脚腰胯身势搭挡配合得顺畅完整，就可称之为整劲了，岂知与实际上所谓的整劲，还相差十万八千里。其实劲与力是完全不同的东西，力是天生即赋有的，只是有大小之区别；劲则需透过后天的锻炼，譬如以心行气、以气运身、气沉丹田等等，经长期聚集储藏，把气敛入筋骨，这才称之为内劲。

不是长期的训练打沙包或击破，或借药洗将手臂练成铁骨，这些都是肤浅的土法炼钢术，都是王宗岳老前辈所说的"斯技旁门"，不足为奇，非智者所取。

内劲之锻炼，三五年可以有小成，十年可大成，大成后内劲蕴藏在体内，可以保持而不退失；如果是土法炼钢，以外物外法短期练成的铜骨铁臂，迈入中老年，功力逐渐退失，要长期保持得忍受皮肉之苦，若是不慎伤及骨头神经，不仅是听劲（触觉）反应变得迟钝，还会留下无穷的病变后遗症。

劲是机动而赋有弹性的，劲可由意念的驱使而快速反应，要大要小，要长要短，要深要浅，皆可随心所欲，换言之，劲是心念之内动，透过内动而形之于外，就称之为发劲或放劲，它的劲道是集中而扎实的，是迅速而灵敏的，是迅雷不及掩耳的，不须有距离加速度，就能即刻命中目标。

发劲要完整，需具备三个条件，否则既使拥有丰富的弹药，被深锁在仓库里，也是无用武之地，发挥不了作用。

第一，手要有掤劲，练就松而沉的乘载劲道，曲蓄而有余。

第二，脚根下盘需有盘石盘踞之势力，入地生根，有了根，在发劲时才能像打地桩似的借地力一贯击撞而出。

第三，腰的丹田之气所使出的弹力，要能像苍龙抖甲般的疾动；腰的快速弹抖，亦是由底盘的脚根所驱使。

拳经云："其根在脚，发于腿，主宰于腰，形于手指。由脚而腿而腰，总须完整一气。"短短二十余字，有谁能深刻去体会，而且悟入它的真实理。如果以知识去理解，则流于肤浅的外表形式。拳经它是讲里面的东西，第一个在脚，脚若无根，莫要与人论发劲。第二腰如何作主宰，它要指挥手时，内在得有丹田之气，无气如何爆破令手出击。第三手若没有掤劲，腰则变成空转空运，也起不了作用。这三个条件具备了，最重要的在于完整一气，内气与外形需搭配得无隙无缝，内外相合，上下相随。从文字上看，发劲好像一节一节往上传，其实它是一鼓作气，一并而发的，气随意动，心想事成的。

所谓完整，即无缺陷，无凸凹，无断续。有缺陷即不完美，三个条件缺一就是有缺陷；有凸凹即不平衡，就是上下起伏，使发劲的势力被削减；有断续即不连接，使劲道中断。

在内里方面，泛指意不断，气不断，劲不断。意不断，指意念要集中，没有妄想存在；气不断，指气的饱和汇聚，不散乱；劲不断，是内劲的绵密不丢与蓄积，待势而发。

如是内外完整，上下、前后完整，意、气、劲同时完整，始得谓整劲，或谓完整一气。

发劲如何专主一方？专主一方，就是发劲主力专注集中于一处、一点，火力全开，就像打靶，命中红心，还要有摧破之力。专主一方，不能缺少意念的领航，不能缺少丹田之气的鼓荡爆破，不能缺少下盘桩功的暗劲打桩，不能缺少手的掤弹沉劲，所以，专主一方，必定要有完整一气的整劲作为前提依归，发放出去的劲道，才能集中于一方、一处、一点，瞬间拔动对方根盘，使其奔跌而出。

# 第六章　立身须中正安舒，支撑八面

## 第一节　立身与中正安舒

立身，指身体直立站着，广义而言，也含盖坐姿与蹲姿的立身。立身包含行、住、坐、蹲等方面，在行动中、在站立中、在仆步蹲坐之中，都必须保持中正安舒。中正，就是身体维持中定平衡，不歪斜，不前俯后仰，不左右摇摆，不漂浮动荡，没有坐立不安的现象。安舒，安是安静、安全、安定、安心；舒是舒适、舒服、舒畅、舒坦、舒展。身体能直正平稳，身心即能得到安平与舒适。

立身须收尾闾，尾椎骨微微内收，与脊背颈项要保持一直线，使内气能畅通任督二脉，运行周身。立身须松腰落胯，使气沉坠于丹田，顾守而赡养之。

立身能中正，身体就没有倾斜跌倒的危险，身体有了安全感，内心才能得到安定与舒适，身心安静舒适了，才能以心行气，以气运身，才能进一步的修炼太极的种种深度内涵功夫。

## 第二节　中正安舒与顶头悬

太极十三势歌云："尾闾中正神贯顶，满身轻利顶头悬。"太极拳论云："虚灵顶劲，气沉丹田。"这些论述与中正安舒都是息息相关的。尾闾中正，神气自能直达贯串头顶百会；顶头悬，就是虚灵顶劲，能顶头悬，能虚灵顶劲，便能全身轻灵利顺，达到安舒的效果；头能虚灵顶劲，悬立而起，尾闾能中正松胯、足能暗桩贴地，自能竖起脊梁，达到中正安舒。所以尾闾中正、顶头悬、虚灵顶劲、气沉丹田等等都是立身中正安舒的必要条件。

## 第三节 中正与斜中正

练太极拳是有伸缩曲直的，是展现轻灵与活泼的象征，若刻意过度的呆直，像机器人或像僵尸般的拙滞，就会失去太极拳的韵味，所以，在中正当中，不能失去安舒，这才合乎中道理论。

在太极的招式中，是有身法斜度的动作，譬如，栽捶、斜挥等动作，身法是有倾斜之势的，谓之"斜中正"，身体虽然前斜或左右斜，但仍然保持一定的正直，不能弯腰驼背，从尾闾腰脊至顶项，仍要保持一个直线的斜中正，这在拳势中是许可的，正是所谓"斜中寓正"的一种身法。如果弯腰、脊背弯曲瘫塌，就不能上下一气贯通，无法使身法中正安舒。

在太极的修炼当中，有些大原则是必须遵守的，但法无定法，凡事不能一成不变，如果刻意的去顽固执着，不知融通、变化，就会使自己走入死胡同之中。

老前辈陈长兴先生打拳架，身体有如牌位一般正直，人称"牌位先生"，这是对他练拳保持中正安舒的一种称赞。现在有些人练太极，刻意模仿"牌位先生"，在头上放一小水桶，或书或木板来保持身体的正直，练拳没有需要这样"呆板"的，只要大原则掌握得住，时时注意调整姿势即可。

## 第四节　支撑八面

八面：是指东、南、西、北、东南、西南、东北、西北八个方位，也是太极所谓的四正四偶。

任何武术以及各种运动，都要讲求平衡的，失去平衡就使不上力，在攻防上也将处于劣势，失去制胜的契机。所以，在活动当中，在虚实变化之中，在阴阳互济之时，都必须保持身体的中正安舒，维持中定平衡，这样，才能支撑八面，使自己立于不败之地。

支撑：是一个力学原理，一个杠杆原理，只要立足点与接触点，维持一个适当的角度、方向，就能四两撑定千斤，譬如，一只小小的千斤顶，就能支撑顶住千斤物体。这千斤顶的底，就是拳术中的桩法；桩功成就，在发劲、搏击之中，才能保持平衡中定，才能支撑八面，才能放劲放得人出；若没有桩功这个基座作根本，只能以手之局部蛮力硬使，那不是太极拳。

在推手搏击中，向对手施力时，整体结构重心的虚实灵活变化得宜，才能支撑八面，也就是说，在与对手相互往来牵引之中的黏随、开合、蓄放，触觉神经的听劲反射作用，必须虚实变转灵敏，阴阳互补，才可以有支撑八面的能耐。

太极拳是全方位的，必须"功体"与"用法"兼备，才能支撑八面。

## 第五节　从支撑八面谈膝关节保护

修炼太极拳除了防卫技击之外，兼具健康养生的效益，但是有部分人练太极却伤痕累累，留下某些后遗症，其中最常见的是膝关节受伤，这也是本节要叙述的重点。膝关节之所以会受伤，是因为长期的过度承受身体的重力，使筋、骨、膜、韧带等受到重力的压迫、牵引、拖曳、扭转等等，经年累月后，有一天突然发现膝关节有疼痛迹象，此时的膝关节已然受到损伤，大部分是膝关节软骨磨损、发炎，轻微的可以透过复健、校正或服用消炎、止痛药物而控制病情，严重者要依赖拐杖来支撑体重，减少压迫所带来的疼痛，更严重的则需置换人工关节，留下某些遗憾。

练太极本是以健身为目的的，但是因为练法不当，而引生反效果、反作用，是值得学练太极者重视的课题。本节以拳架及推手两点来说明，练太极而致膝关节受伤的原因。

## 一、拳架部分

前脚塌膝，膝关节超过脚尖，这是普遍现象。身体全部的重量，宜由九大关节均担，其中以脚承受的力量较大。脚受力的地方在胯、膝、踝三处，此三处支撑上半身重量之构架，须去寻求适当的角度与支撑力点。以前脚而言，在向前施力时，大腿与小腿之内脚角度能保持90°，是较适宜的支撑力点，膝关节若超过脚尖，则膝关节承受身体的重力就会加大，软骨磨损的机会就会增加。这道理就好像一片墙壁即将倒塌，用一根木棍去撑住它，能不能撑得住，取决于墙壁之重力与木棍支撑力点之角度是否成适当之比率。

重心落在后脚时，前脚宜有少分的抓地力来分担后脚之承受力；若全部由后脚独自承担重量，膝关节是难免受力太重而造成伤害。重心落在后脚，还有一点需要注意，要松腰落胯，腰松则气沉，气沉则胯落。胯与后脚跟能成一直线，使胯部在承受上体之重量，能沉落于后脚跟，让膝关节减轻重力负担。

立身中正安舒，保持中定平衡，是保护膝关节的一个大原则；身体前倾，前膝遭殃，身体后仰，后脚膝受损。所以立身中正安舒，支撑八面是保护膝关节最好的注解，这边它强调立身须中正安舒，不可前倾歪斜，即使在某些动作，譬如单鞭、野马分鬃、玉女穿梭、斜飞式等等，虽然重心落于前脚，身体从尾闾至头顶仍是保持一直线的斜中正，这也能支撑八面，保持中定平衡，不会使前膝吃力过重而有所损伤。

## 二、推手部分

功体没有成就的斗牛式推手，因为过度使用蛮力，身体会前倾，不能支撑八面，也会造成膝关节磨损，而且比打拳架有过而无不及，伤害更剧。为何如是说呢？因为没有功体，在推手时，只能靠着局部力或蛮拙之力去硬推，虽然有些人有练出听劲，反应不错，到某个程度也会借力，但由于内劲没有成就，桩功没有成就，手的掤劲没有成就，加上气没有成就，无法由气来运气打桩，所以在发劲时难免依靠脚的拙力，难免依靠膝关节之力来撑地，长此以往，膝关节受伤的几率就会增大。

在走化当中，如果气没有沉到脚底，身体前俯后仰或左右歪斜晃动，不能中正安舒，不能支撑八面，就会吃到膝关节之力，膝关节也是会受伤的。

练太极拳，因方法不对，用力不当，也因为身体没有中正安舒，无法支撑八面，而造成膝关节受伤的不在少数，是值得注意防范与警惕的。

# 第七章　行气如九曲珠，无微不至

## 第一节　九曲珠的典故

九曲珠的典故源于《祖庭事苑》，是说孔子得到一颗珠子，叫九曲珠。九曲珠的九是指很多的意思，九曲就是珠子里面有很多的弯曲小孔道。

孔子想要拿线穿过这颗珠子，但是却无法完成，当时有女子教孔子用蜂蜜涂在线上，利用蚂蚁搬蜜的特性，将细线穿过这颗九曲珠。

## 第二节　行气如九曲珠

行功心解所谓的"行气如九曲珠"就是指能够在一颗小珠子内部狭细的空间，以气贯穿整体的往复迂回运动。人体是一个小宇宙，是一个小太极，里面充满微细繁杂的神经、血管、筋脉、穴道，有如九曲珠一般，如果没有以心行气、以气运身，气将得不到顺遂的流行，也无法成就太极内劲功夫。

一般太极拳师解释九曲珠，把他说成人体的九大关节，肩、肘、腕、胯、膝、踝、颈椎、腰椎、胸椎，这九个能够弯曲的大关节，就像九颗珠子排列贯串在一起，就称之为九曲珠。所以，把行气如九曲珠，解释为在行功运气时，九大关节的顺遂圆活如珠，气行于九大关节之中的节节贯串。这种说法虽与孔子九曲珠的典故有所出入，但是也有微对的一面，因为九大关节概括含盖了人体的大部分，九节如果畅顺贯通，似已大致矣。

具体广义而言，行气如九曲珠分为体与用两方面。在体的方面，狭义的纯指行功运气要面面俱到，如水银泻地，无孔不入，无穴不达，无微不至，气遍周身。九曲珠是指人体内的小太极，像无数微细弯曲的孔道空间，所以行气如九曲珠就是要在这微细弯曲的空间，运用意念与丹田之气的蓄蕴作用、鼓荡作用、吞吐作用、往复折迭等作用，令气能渗筋透骨，无微不至。

在用的方面，行气如九曲珠要以丹田为行气的根本元素，在意念的牵引作意下，令下意识激发潜意识中储藏能量，瞬间疾速引爆，使气穿透体内微细弯曲空间如九曲珠，贯串奔窜于发劲之点，如手掌、脚底涌泉、腰间脊背等等。

太极前辈曾说："功夫越强，所引生的圆弧越小，手一放，人就跌出去了。"这个"圆弧越小，手一放"指的就是丹田之气能在体内微细弯曲空间的九曲珠，产生激发气爆作用，使气在体内无数微细空间，瞬间产生压缩奔放的发劲作用。

## 第三节　无微不至

没有一个地方不能到达，叫作无微不至，也叫作无往不利，就像极其微细的九曲珠，里面充满无数微细弯曲的孔道空间，只要意到，气就到，只要下意识一作意，丹田之气一提一放，一松一紧，往复折迭之中，即能气遍周身。

无微不至，另一个解释，就是说在练太极拳时，每一个地方都要照顾周全，面面俱到，不使有缺陷处，不使有凸凹处，不使有断续处。

## 一、缺陷处

以拳架而言，不平不整谓之缺陷。重心失去平衡，没有中定，谓之缺陷；虚实变化不灵，阴阳没有分清，含混略过，谓之缺陷；没有贯串完整一气，谓之缺陷；身形不协调，上下不相随，左右不对称，内外不相合，谓之缺陷。以推手或实战而言，无法使出整劲，劲不接地，没有其根在脚，力由脚起，谓之缺陷。

## 二、凸凹处

上下起伏不定，忽高忽低，摇摆不稳，飘浮无根，都会形成凸凹处。神离、意断、气不顺遂，会形成凸凹处。发劲着力，脚未接地，手脚分段离析，易形成凸凹处。发劲气不凝，着了拙力、蛮力、硬力，会形成凸凹处。

## 三、断续处

断离不连接之意。打拳架没有如行云流水，滔滔不绝，绵绵密密，把动作分开使运，没有透过折迭、转换把上一式接续贯串起来，即成有断续之处。发劲时，意与气不相合，气与劲不相合，没有完整一气，则落于断续之病。没有其根在脚，发于腿，主宰于腰，形于手，没有把它一气呵成，即是落于断续之处。

有缺陷之处，有凸凹之处，有断续之处，身便散乱；身散乱，则气不凝；气不凝，则劲不聚。有了这些病，则行气无法如九曲珠，不能达到无微不到的境地。

## 第四节　用法上的无微不至

无微不至，即上下、前后、左右，面面俱到，也就是拳经所谓的"有上即有下，有前即有后，有左即有右"。还有应该还包含"内外"，这才叫作照顾周全，无微不到。

上下，前后，左右，内外，都是互对的，从字面上是很容易理解意思，但真正的意涵，不是依文解义的，不是那么肤浅的，那么狭义的。

### 一、上下

不是说一手顾着上头，一手顾着下面，这是定法，是死法；拳法无定法，拳法非死法，拳法是善于变化的，是虚实互换的，是阴阳互易的。

上，指上身头和手；中，指腰胯丹田；下，指腿和脚。手须有掤劲，脚须有桩法，丹田之气须凝聚，由脚而腿而腰而手，总须完整一气，连绵贯串，始谓之有上即有下。

### 二、前后

以脚而言，前有撑劲，后有蹬劲，前撑后蹬，形成一股二争力；练习桩法，乃可入地生根，发劲时方有雄脆之撞劲，才有摧山之气势。

运气鼓荡，有前有后，吸气时，气贴于后脊背，吐气时，气落沉于前丹田，但非一前一后，它是一个浑圆立体的运转，不止有前后，还含盖上下、左右及周身的弧圆，这是内在的有上即有下，有前即有后，有左即有右。

## 三、左右

即是横劲。发劲时，由脚底出劲，左撑右蹬或右撑左蹬，腰如苍龙抖甲①，贯传乎手，形成一个左右互衬的弹劲，一打击疾速弹回，左打弹回变右打，右打弹回变左打，谓之闪电手②，这岂是拳击之左右勾拳所可比拟。

## 四、内外

内是指丹田之气及由气所养成的内劲；外是指肢体外表。不论练体或致用，一定要内外相合，打拳架若只有肢体的挥舞，没有内在的行气、运劲，这只能称为太极体操，不是太极拳；发劲如果只用手之局部力，肢体之拙力，那是斗牛，如果没有丹田之气的配合，没有内劲的运使，那是王宗岳先行所谓的"斯技旁门"，是"非关学力而有为"的功夫。"学力"是倒装句，是努力用心学习之意，不可误会。

上下、前后、左右、内外，都是意使、气随、劲到的完整一气。要实现上下、前后、左右、内外的虚实变化，只有练就灵敏的听劲，进而达于懂劲的境界，才有办法随心所欲的变化虚实，才能达到"无微不至，气遍曲珠"的妙境。

① 苍龙抖甲：依据王树金老前辈所谓："全身弹抖，如公鸡抖毛状；又如狗自水中出来之抖水状，故冠以苍龙抖甲之名。"苍龙抖甲，不只是腰的抖动，其劲道须由脚根之地底深处，以暗沉之劲，由下往上弹抖震荡；若脚中无根，暗劲不沉，无法自然弹抖。

② 闪电手：以苍龙抖甲的弹抖劲，由脚而腿而腰，形于手，是一个连绵贯串疾速、完整一气的整劲，是同步、同时、

同一气的连结爆破之劲道，它有反弹力，因腰腿撑蹬入地的反弹力，使手迅速的归位及第二波的就绪攻击，可以接二连三，可以连上接下，可以连前接后，可以连左接右。如是方是拳经所谓之："有上即有下，有前即有后，有左即有右。"

# 第八章 运劲如百炼钢，无坚不摧

## 第一节 百炼钢

百炼钢，是一种冶炼钢铁的过程，炼钢是得经过千锤百炼的。铁有生铁与熟铁，由岩石铁矿中熔解燃烧出的铁，称为生铁，生铁含有很多的杂质，生铁本质比较脆，比较硬，容易折断。生铁经过去渣冶炼后将杂质析出，变成熟铁，熟铁本质柔软，若加上坚硬的碳渗入熟铁中，经过反复的冶炼，便成为坚利的钢。

所谓百炼成钢，是将熟铁加碳放在火堆上烧，然后折叠锻打，再烧，再折叠锻打，再烧，经过千锤百炼而成为极坚刚柔韧而有弹性的金钢，这就是百炼钢。

## 第二节 无坚不摧

百炼而成的钢，本质坚刚而柔韧，富有弹性，曲而不折。百炼而成的钢，制成刀剑，能削铁如泥，摧枯拉朽，无坚不摧。以"运劲如百炼钢，无坚不摧"来形容太极拳，是极为恰当的比喻。内劲的威力也是无坚不摧的，真正成就内劲的人，内劲的劲道是可以深内透里的，不像外力只能伤及肌肉皮表。

内劲是透过气的凝聚、鼓荡、沸腾、沉敛，经久集聚而成，内劲是一种无形的气爆，能瞬间爆发，它的劲道是柔中带刚，棉里藏钢。被打到的感觉，外表是棉棉的，但入里的劲道却是闷暗而慑魂的，有刹那间闷绝的惊心动魄的骇然悚惧之感。内劲的发劲，无形无相，在一举动间，你还不知怎样一回事，内劲已深达你的腑脏深处，令你瞬间闷绝窒息，无法呼吸。劲道的深入，绝对可以震碎内脏，导致内出血而致命。所以，百炼成钢的内劲，是无坚不摧的。

## 第三节　运　劲

运劲，顾名思义，乃是内劲已经成就，或少分成就，透过拳架或基本功加以行运，使这个劲，愈练愈柔愈韧，用时愈刚愈脆。若是内劲尚未成就，只能称之为运气或行气。

运劲与钢铁的冶炼是同一个道理，也是得经过千锤百炼的，才能百炼成钢，运劲也要如百炼的钢，才能成就极坚刚的内劲，才能无坚不摧。

钢铁的百炼，是烧，然后折叠锻打，再烧，再折叠锻打，无数的往复。

运劲，是先从气的行运，透过松净而令气腾然，而后收敛入骨，由少分的沉敛内劲，日积月累，这中间，不论内劲是少分或多分成就，这运劲的过程是不可少的，就如同生铁炼成熟铁后，必须再折叠锻打，再烧，再折叠锻打，再烧等过程，才能百炼成钢；内劲成就之后也是要透过这样的运劲冶炼，才能成就无坚不摧的太极甚深功夫。

## 第四节　如何运劲？

劲要如何运？

运劲须由意念的导引，丹田之气的鼓荡、压缩、往复折叠，还有腰的拧裹、缠绕、抖荡，脚底桩功的二争力牵引等等。运劲好像揉面粉，加水，再揉，拉开，折叠，再加水，再揉，无数的反复，直到把粉团的韧性揉出来。

运劲是主导于自丹田之气，由下盘之涌泉，以暗桩深入地底，由两脚暗潮汹涌之二争力，带动牵引腰脊，气贴于背，以丹田之气为主宰，驱动身子。

两手臂须有掤劲，以肩为根节，筋脉须松开、拉开、撑开、拧开，手臂似直非直，似曲非曲，曲中有直，直中含曲，随曲就伸，不是松懈散漫的；将气运入筋脉骨骼之内，运转至臂、肘、腕、掌，透达于指尖梢节；在此同时，气要兵分两路，一路下行经胯、腿、膝、足，气沉敛于两足，令气入地生根。

运劲，在外表肢体上是其根在脚，发运于腿，由脚而腿而腰，形于手。在内而言，纯是丹田之气的鼓荡、蓄蕴、吞吐、往复折叠，以气将潜沉于骨脉中的内劲，加以运为，加强输运、压缩、挤送，使这个劲道，经由百千万回合的往复炼锻，变得更柔，更脆，更刚，柔中带刚，刚中寓柔，而成就刚柔并济的太极甚深功夫。

在往复折叠的运劲过程中，须以下盘脚桩的暗劲，借由二争力的运动，牵动腰、脊、身、手臂，在往复折叠中，要须自己去营造重重迭迭，一波接一波，相续不断的阻力，如陆地行舟，使体内的气与外面的气互相激荡、牵引、磨荡而产生肉眼看不到的无形电能、磁场。

运劲须肢体上下相随，气要内外相合，借着曲伸、开合、运蓄、折叠、鼓荡、吞吐，把劲拿来提炼、拿来锻烧、拿来搓揉，这就是运劲。

## 第五节　劲与力之差别

劲，是由内往外而生的爆发力，经由长期的运用神、意、气、松、柔、牵引、拖曳、拧裹、缠丝等等方法之锻炼，而沉藏于体内的一种充沛而丰富的能量、元素，或者说是一种电能，借由意气之导引，奔放而出的一种无形威力，其威力彷佛子弹之射出，炸弹之爆破。

子弹可射进铜墙铁壁，但无法将重物拉抬而起；蛮牛之力可以拉动千斤重物，其力却无法穿透厚重之物。以内劲发人，可将脏腑击碎；以蛮力打人，只是表皮瘀血青肿。劲伤在内部，力伤在表皮，这是劲与力的差别。

劲的锻炼，在松中求之。盘架子宜松而不懈，松中含意、含神、含气，气在松沉中带劲，在松透中可感觉劲的沉重、厚实，如棉中藏铁，练习日久，气敛入筋脉骨里，电能逐日累生，劲由无而有。如果用力，形成气滞、气僵，气不流行，气不沉淀，反而阻碍劲的产生。

盘架子，每一个刹那流程，不论上提、下放、转换、折迭，万分之一秒中，均要有掤提之意、之劲，不得懈掉，一懈掉，那一股劲就断了，再接过来时，就变成有断续，没有办法达到绵绵不断的境地，劲的累生就比较费时而困难。

# 第六节　气与劲的应用

## 一、气与劲的差别

气是每个人先天就赋有的，称之为元气，然而随着年龄的增长，对五欲的贪着，使元气慢慢懈散，所以需要借由吐纳、呼吸、调息的练气机制来补回。

气有强弱之别，气强则精神旺盛，神采奕奕，意气风发；气弱则精神萎靡，神形黯淡，忧郁寡欢。没有气，生命将会终结。

古人知道气对人体的重要性，故有所谓的"练气士"专门修炼气功，以达健康长寿。气是可以修炼的，只要心静得下来，利用意念去导引，去行气，以气来运转周身，令气血循环强化，使新陈代谢正常，即能达到健康的效用。

劲是透过运气的修炼，使气达于腾然状态，然后敛入筋脉骨髓之中，经久聚集储存，形成一股巨大的量能，蓄而备用。

## 二、气与劲的修炼

气的修炼，主要在于清心寡欲。心能清净，气才得清澈无染，才能沉淀，运行才能顺遂畅达无阻。

气的运行，需靠意念之导引，以心来行气，借着呼吸吐呐令气在体内鼓荡，使内脏得到温养与运动，强化机能。

透过清净的修为及心意的牵引，气机就有腾然的感觉产生，就像烧开水，时间够了，火候到了，自然会滚烫，并且冒出水蒸气。这股水蒸气冷却凝固之后，沉敛入骨，它就是内劲。内劲虽无形无色，但累积集聚行功深时，在松中可以感觉它的沉着，所以它是有质量的，它是气所聚集的元素，一种无形的磁场，一种量能。

劲的修炼，可以透过站桩、拳架及其他基本功的单练，来聚集储藏。并透过发劲的训练，把沉藏的内劲开发出来，使它能够实践与运用。

## 三、气与劲的应用

气与劲在实体上虽有区别，它们虽然是不同的质体，然而在实际应用时，它们是不可分开的，它们是一体的两面。

劲就像一枚炸弹，气则是火引，点燃了引子，炸弹才能爆破。在发劲时，必须借完整之气，刹那同时引爆，使内劲像放箭似的疾速奔窜而出。

发劲不能缺少饱满的气，有了气，劲才能产生作用。若徒有饱满的气，如气功师之类的，而未成就沉着的内劲，也不能有发劲的作用与功能。

在发劲时，意念在下意识的作意中，由丹田气的鼓荡，引气入于下盘脚底，急速打入暗桩，在此同时，同步的引气贯穿手臂，爆发到对手的打点。发劲打人，不完全在手，可以在肘，可以在肩，可以在腰胯、背部、脊部，全身皆手。而气与劲的运用，都是相连相生的，互长互补的，不可分离的。

被内劲打着的感觉是什么？只有亲身体验方知。被内劲打中而内伤也是可以理解的事，并非神话，因为人的内脏是极脆弱的。内劲是可以深内透里的，是可以隔山打牛的，即使胸膛架护着铁板，被内劲打着，依然能深透入里，贯穿内脏。

# 第九章 形如搏兔之鹘，神似捕鼠之猫

## 第一节 鹘

鹘：是一种大型鸟类，又称为鹘。属于鹰的一种，性情极为凶猛，俯冲极为迅速；鹘，觅食时，在空中盘旋，一见猎物即疾速俯冲而下，连动作灵敏的狡兔，亦难逃被俘的命运。

鹘的形体，有壮硕宽广的翅膀，可以有力的展翅高飞，能盘旋于空中而不坠落，鹘的脚爪坚锐，眼睛犀利，俯冲的姿势极为敏捷迅速。

## 第二节 太极之形

修炼太极，先修"形"，后练"用"，形就是"体"，功体成就，用法成就，谓之"体用兼备"。形有成就，功体有成就，是为"搏兔"之基本功夫。太极拳的形，含盖外表的招式、动作以及太极特有的松柔、连绵贯串、气劲的缠绕等等。

太极拳的舒缓匀慢，这是它的形，太极拳的刚柔相济，阴阳相生，虚实互变，这是它的形，太极的"迈步如猫行"，这是它的形，太极的"运劲如抽丝"，这是它的形，太极的中正安舒、支撑八面、圆活、轻灵……都是太极特有的形。

太极虽然外形松柔，却可练就极坚刚的内劲，因为有"以心行气，务令沉着"的关系，因为气的沉着而收敛入骨，累积汇聚成为极坚刚的内劲。以心行气，以气运身，最重要的是松净沉着，而松净沉着的唯一前提就是慢。慢是太极之形的特色，也是太极特有的形，所以，太极应以慢练为宜。

## 第三节　太极之形，应以慢练为宜

拳经、拳论或行功心解等太极拳经典，虽无明白举示练太极拳应以慢练为主之文字记载，然而从经论中不难看出太极拳应慢练之意涵。

张三丰祖师拳经云："气宜鼓荡，神宜内敛。"气之鼓荡，宜慢，使五脏六腑借气之鼓荡得到运转动荡，达到运动之效果，如果鼓荡太快，呼吸过急，心脏跳动超速，就会伤害身体；神宜内敛，是观照功夫，心神往内照看，看住呼吸、吐纳，心息相依，看住念头不起妄想，这就得有静的功力，而静乃由慢动中得。

王宗岳先生太极拳论云："虚灵顶劲，气沉丹田。"欲达气沉丹田，呼吸得慢，而深而长而细而匀，然后气始能落沉于丹田，快则不能达。

行功心解云："以心行气，务令沉着，乃能收敛入骨；以气运身，务令顺遂，乃能便利从心。"行气，一定要沉着，气才能敛入骨髓，生出内劲，强化筋脉；运身，呼吸必定要顺遂，不能急促，才能随心所欲，使身心得到利益；所以行气欲能沉着，运身欲达顺遂，下手处皆以慢练为是。

行功心解又云："迈步如猫行，运劲如抽丝。"练太极拳之基本功，猫步，步法宜稳，宜轻，宜慢，慢工出细活，慢中练就轻灵，慢中练就沉稳；若快，变成走路，无法成就功夫。运劲如抽丝，古人养蚕抽丝，织布做衣；当蚕吐丝成茧，经水煮，茧软，以人工抽丝，抽丝有技巧，就是慢而匀，丝才能被抽出而不断裂；同理，太极拳鼓运内劲，就像抽丝一般，要慢而匀，内劲才能源源不绝地生出，累积蕴藏而备用。

综观太极经论，并无一处指明练太极拳的练法须快疾的。反观拳论云："斯技旁门甚多，虽势有区别，概不外乎壮欺弱，慢让快耳。有力打无力，手慢让手快，是皆先天自然之能，非关学力而有为也。察四两拨千斤之句，显非力胜；观耄耋能御众之形，快何能焉！"故知，拳论主张，有力、手快，皆先天自然之能，非关学力而有为也。而且，太极拳"以慢制快"及"练时慢应用时快"的理论，并无不妥。

练时慢，是练气，沉藏内敛为劲，是练体，是练内功。练体成就，透过用的练习，在用时，自然可慢可快，随心所欲，此谓体用兼备。如果功体尚未成就，亦即慢的功夫尚未成就，就急着去练或兼着去练那些快速的练习，将会徒劳无功，而且练成拙力。

太极拳功夫成就时，是可以以慢制快及练时慢，用时快的，因为真正太极拳成就者，是可以后发先到的，后发就是慢人半拍，虽慢人半拍，却可以先到，这才是太极拳。

笔者看到很多习练太极拳者，初练时即有发劲拳架之练习，因为本身之内劲尚未练就，其发劲之状，变成极不自然之硬力，练了很多年，在实际应用发劲时，仍是空劲拙力，永远无法成就太极拳真正的内暗劲功夫。所以欲练兼有发劲之太极拳架，须先将本身之功体练好，俟内劲练就，欲练发劲，即可水到渠成，事半功倍。

据传太极拳宗师杨露禅有一则公案，有人问宗师教京城那些王子哥儿们太极拳，都是慢吞吞，软绵绵的，可以练就功夫

第九章　形如搏兔之鹘，神似捕鼠之猫

吗？答案成悬，有人认为杨宗师是汉人，教那些公子哥儿们当然是有所保留的，事实如何？至今成为无头公案。个人以为，杨宗师并无所谓的"有所保留"，太极拳之体用，本来先练体后练用，练体当然得慢匀松绵，内暗劲始能成就；京城那些王子哥儿们之所以无法练就太极功夫者，除了没有老实认真练拳及不具悟力者外，我想一定还有功夫成就者。

某些人自创太极快拳，以为是种创见发明，事实上只是画蛇添足，头上安头罢了。蛇本无足，强画上足，头本来也只一个，再安上一个头，谓之多此一举。

学练太极拳首求正知见，有正确的观念，正确的方法，才不至走岔路，离太极拳的本质，愈行愈远，否则习练多年没得到真功夫，而误认太极拳不能用。还有练太极拳要老实认真，在认真老实练拳中去求悟，如果将太极拳当作学术去研究，是无济于功夫的修炼的。

## 第四节　太极拳的慢与快

太极拳一般的练法，都是以慢练为主，讲求松柔，不用蛮力。太极拳，也有快慢相间的练法，如陈式太极拳。有些人喜欢标新立异，自创所谓的快太极，使太极拳变成浑乱现象。

太极拳名家常说："慢要比人家更慢，快要比人家更快。"也说："练时慢，用时快。""慢要比人家更慢"，是指练法，在行功打拳架时，宜慢，因为慢才能行气运身，才能导气敛入骨髓，聚成内劲；所以内劲尚未凝聚之前，是不宜练发劲及使快的动作，如果太极拳初练时，就有快速发劲的练法，是不能成就功夫的，虽然外形上看似有劲，实则是不具威力的。

"快要比人家更快"，是指用法，是指发劲。当内劲成就时，要快，就可以比人家更快，所谓后发先到是也。为何能如此？因为发劲是内气的作用，是意念的驱使，意念一动，劲已然到位，像子弹的击发爆破一般，是迅雷不及掩耳的，所以能比人家更快。

内家拳要求"练时慢"，要以心行气，以气运身，气要慢、要长、要深、要细、要匀，要滚荡、要导引、要沉着，外形、身手、腰胯要拧钻，要缠转，要折迭，要如拉弓，如抽丝，绵绵深细，这样练功行深时，内劲则日渐凝聚内敛。内劲成就了，当然可以"用时快"。

本章所谓的"形如搏兔之鹘"，是指用法而言，指太极拳在应用于推手、散打搏击之时的形态，也就是它的外形态势气度，要如鹘鸟一般的疾速、脆厉、勇猛，发劲打人如鹘鸟搏兔似的简易。

## 第五节　猫的眼神

猫的眼神，平常是温驯的，但在捕捉猎物时，却是犀利、炯炯有神的，它会静静地趴在一旁，专心注视着猎物，一有机会，就出其不意地往前扑。

## 第六节　太极拳的神

行功心解云："神舒体静，刻刻在心。"又说"内固精神，外示安逸"、"全身意在精神。"这些都是在阐述神的重要。

神，指精神、元神。在练太极拳时，精神、元神须往内收敛，也就是将神意向内心收摄，说白话一点就是心念不往外放逸，元神不往外放射的意思。

俗语说："心猿意马"，常人的心就像猿猴一样，动个不停，永远没有安静的时候；常人的意念像马一般的奔腾，无法静止。心神如果放逸、散乱，我们的内气就会浑浊，会散慢，会衰微，无法凝聚，所以，气需要神意来收摄、调伏。

精神能内敛、收摄，才能使气不散乱，才能使气凝聚。气能凝聚，再用意念来导引，经过意念的导引，气就能在体内鼓荡，而运行周身，而气敛入骨，而成就内劲。

## 第七节　拳的神韵

行拳要有拳韵，使人感觉拳脚在运行时注入了灵魂，不只是空壳子在那边舞动。欣赏盆栽，不光看它的枝叶茂盛或花朵艳丽，此皆外表。一株久年的老盆树，即使部分的枝干已萎枯，而其他部分却仍生出青翠的枝叶，虽历尽风霜却显出坚毅的苍劲，屹立而不摇，从它坚固的根盘，挺拔的干劲，散发出卓绝的生命力，使人感觉到它的内在美，这就是它的神韵。

一个专画人像的画匠或专雕神像的雕刻匠，其作品是千篇一律的，是机械固定式的，他的作品再怎么逼真，总是缺乏创作力及生命力，故终究是一个画匠或雕匠，无法进入艺术家之林。行拳如果缺少神韵，即使是出拳虎虎生风，震地有声，无非是花拳绣腿，终究是一介武夫。

据闻李雅轩老前辈，表演太极拳时，连不懂的小孩亦能感觉周遭气氛的宁静。拳的内涵，在静谧当中，可以感觉气的流动与鼓荡，在拳动中又给人感应到内心的寂静，在松柔中让人感觉到内劲的运行，把拳的灵魂发挥得淋漓尽致，而达到了神的境界。拳要练到功深时，才能展露出拳的气质与神韵，装是装不出来的。

## 第八节　神似捕鼠之猫

猫在捕鼠时，眼神是宁静的，是犀利的，是专注的；老鼠看到猫，被猫的眼神吓呆了，傻愣了，逃也逃不了。神似捕鼠之猫，是指太极拳在格斗搏击时的神情与气势，内心须是极静与松净的，神情是专注不二的，眼神锐利要能撼慑对手的心。

武圣关公，平常都是开三分眼的，眼神内慑不露而正气自然显发；当要作战杀敌之时，眼睛一张，神光四射，威震八方，令敌丧胆。

太极拳，在练功体拳架之时，神宜内敛，含慑不露，眼神虽随着身形、手指而灵动，但神不外放，心静而不驰骋；在遇敌搏击放劲之时，眼神须锐利震慑敌心，使敌丧胆，未战先胜。

神情是内心的展露，眼神含蓄着胆识与气势。

## 第九节　神的内涵——气势与胆识

气势，是展现于外的气质态势，是一种外在精神的显露。

胆识，是具备了内在的战斗实力，内心不忧不惧，不屈不挠，临危不乱，处变不惊，在恶劣环境中，能轻松从容自在，不慌不忙，以静制动，静观其变，安然应付一切逆境与危机，内心不动，是一种内在气质的展现。

武术家的气势，外现松柔，中正安舒，轻灵而沉稳，飘逸而豪迈，炯然而内敛，虚怀若谷；内示安静无虑，神情自若，正气凛然，内观返视，自信而不骄慢，虚心而不妄自菲薄，内心深处若有所思，若有所寻，却不刻意与执着。

气势，由内涵而展现，如果功夫不深，修炼未熟，则呈现信心不足，轻浮草率，泯嘴歪脸，处事动作含糊而不确实。

功夫有深度，藏而不露，谦而有礼，率直有正气，自然流露出武术家真善美的气质。太极拳练到了相当的基础，慢慢会展现出温文儒雅，稳定庄重，不怒而威的气势。如果练就了内劲，对推手散打用心追求磨炼，达到化劲之境界，发挥防御功能，如是则遇强而不惧，逢众而不惊，此时已然练就了胆识。

有胆识的修炼者，身心更谦卑，更深藏而不显威于外，更虚心而含蓄于内，不畏权势，富正义感，令人生敬。

胆识，不是逞凶好斗，逞匹夫之勇。胆识，是坚毅内敛，正气显发，仁者无敌。学上了功夫，具备了胆识与气势，并非借此惹事生非，而是以胆识、气势降伏对手，以德服人，达到净化人心之作用。

以胆识展现内在的实力与无畏的风格，以气势呈露自身的修为与风度。胆识与气势是一体的两面。徒有气势而没有胆识，是虚有其表，装模作样，发挥不了作用，有胆识就必然会有气势，有内就有外。

练太极拳，须以心行气，以气运身，虚领顶劲，神意内敛，气沉丹田，除了锻炼气劲的增长外，无形中已蕴含了正义之气的培养。

孟子说："吾善养吾浩然之气。"又曰："气以直养而无害。"当我们心存善念，日日月月年年，不断的累积培养正气，功夫行深时，自然锻炼出一股刚毅的正义气势。气势必须以正念作依托，才能培养出正气，若心存邪念，显发的就是邪气，邪与正斗，终是邪不胜正，这是千古不变的定律。

我们习练武术，须心存正念，才能培养出刚毅的气势；也只有下功夫，用心习练武术，才能锻炼出无畏的胆识。

神的展现，含盖气势与胆识，内外兼蓄，内是胆识，外是气势。

## 第九章 形如搏兔之鹘，神似捕鼠之猫

# 第十章　静如山岳，动若江河

## 第一节　静与动

静，分为内心的宁静与肢体的静止，内外具静才是真静。内心的宁静包含不贪、不瞋、不疑、不狂妄、不嫉妒、不带有心机等等；肢体的静止就是不随便乱动，不刻意的矫揉造作。

打太极拳，是外动内静，外形虽有招式拳架的动作比划，但这个动，是有规则、规律及一定的规格，是呈曲线、圆弧、折迭、缠绕、拧裹的动，这是太极拳展现于外的"形"。

太极的静，是心灵的静，是深处的静，虽然心静如止水，但体内的"炁"却如流水般地潺潺而行，如天空的行云似的幽闲游略。

太极是动静皆宜的，是动静兼具的，动如脱兔，静如处子，动若江河，静如山岳。动如脱网而逃的兔子，静如处（子）女那样沉静。

在推手或实战时，要以逸待劳，以静制动，彼不动，我不动，彼微动，我先动，要待机而动；动而发劲之时，要冷脆疾速，猝不及防。

## 第二节　静而练体，动而练用

练拳架，练功体，肢体要松净、气要沉着，要达到松净与沉着，内心要极宁静，体松心静，气就来了；以心行气，气就凝了；气凝了，就能运，运得顺遂了，就能便利从心，随心所欲。

太极拳的动，除了行功走架的动，还有发劲时的气动，发劲时，意念一提，一个作意，已然意到、气到、劲到，如影随形，完整一气，连绵不绝。

发劲只是意念的作意，同步引动丹田之气，向下打入暗桩，同时由脚根暗桩之反弹劲道的回传，透过手的掤劲，爆破到对手身上，这一连串的动作，是同步同时的贯穿联结而完成的一个整劲态势。

## 第三节　宁静致远，勤以成学

诸葛亮先生说："静以修身……淡泊以明志，宁静以致远。学须静也，才须学也。非学无以广才，非勤无以成学。"如今也要以这句话来与修学太极拳者相勉。练太极，不只是练功夫而已，还要修心养性，才能使功夫更臻上乘。用静的功夫来修身，锻炼身体，练太极首求静，静而后动；有了静的功夫，才能行功运气，透过心的宁静，才能气动，气动后而能聚、而能运。行功心解说"静如山岳"，心要像山岳一般的稳定不动，是为静中功夫。

勤俭淡泊，以修炼太极的立场而言，勤，就是努力；俭，是俭朴、俭约。淡泊，就是不贪着五欲。俗云："勤能补拙"，又谓："三分天才，七分努力"，一个人要成就一件事业，要看有无下工夫去努力；练功夫也是一样，下了多少工夫，就会得到多少功夫，不下工夫，当然没有功夫，工夫就是时间，功夫是靠时间累积而成的。

练太极拳要循序渐进，经久不辍，功力才能一天一天增进。如果三天打鱼，两天晒网，则到老还是一场空。现今工业社会，生活既紧张又忙碌，然而对武术有兴趣者仍不乏其人，遗憾的是大多数的人都缺少一个"勤"字，也就是练得不勤，不够积极，不够用功，不够认真，而且会为自己的懒惰找理由，找借口，不是太忙就是没有时间，自我敷衍，这些理由都是牵强的，自欺欺人的，自己占自己的便宜，而终究吃亏的还是自己。

每天腾出一两个钟头来练功夫，应该是没问题的，就看你有没有那个心。惰性是害人的，人往往为了工作稍微累一点，或天气稍微冷一点，而成为不去练功的理由，其实全是贪睡、懒散而已。

另有一种人，每天都看到他出来练拳，但却不专心，不用心练拳，身体虽盘着架子，思想却在外头荡游；或者比划几下就停下来休息，或站在一旁与人聊天，表面上看起来似乎很勤，遇有活动的场合都会看到他的踪影，还与人高谈拳理、拳架及用法，蛮像一回事，就好像一个整天抱着书本的孩子，似乎很用功的在念书，但心不在焉，满脑子妄想杂念，成绩单发出却是满堂红，令人愕然。

所以既已下了决心练功夫，那么就勤快地练，用心认真彻底地练，老老实实地练，一分耕耘才会有一分的收获，切莫躐等以求，蹉跎岁月，到老一无所成，而徒叹息；更切莫误信武侠小说，妄想际遇高人借内力传输，或巧获神丹，一夕而武功盖世，这些都是不切实际，天方夜谭，不可能的事。

据闻，太极名家郑曼青先生，每天早晚都要练拳，自己立下规矩，早上不练拳就不吃早餐，晚上不练拳就不睡觉，数十年如一日，终而有成，这是身勤。

李雅轩宗师亦是如此，时时刻刻心不离拳，据闻李师有回与人吃饭，突然乍放碗筷，犹如发现新大陆一般，提笔疾书，忽有所悟，灵感乍现，即刻写下，充分将拳与生活结合在一起，他的拳论创见对于后辈学者帮助很大，这是心勤。

一个人成就一件事业绝非偶然，成功的背后须洒下甚多的汗水。勤的定义包含身勤与心勤，要练好功夫必须身心并练，勤而不懈，耐心而有恒，持续无间，抱持拳练一生的理念。这是孔明先生说的"非勤无以成学"。

"淡泊"，看淡身外之物，看淡财、色、名、食、睡这五欲，才能专心修炼功夫，如果被这五欲所缠，要成就功夫是不容易的。只有淡泊各种欲望，心才得宁静，才能修学太极这种静的功夫。

"宁静以致远"，静中还要安宁，宁静以致远是说身心安宁静定，能有这种身心安宁静定的功夫，才能达到长远的理想目标，套用到修炼太极来说，身心安宁静定，是为练功的首要功夫，唯有宁静松柔，才能有气动，才能以心行气，以气运身，进而气沉收敛入骨，汇聚成劲，透过运劲功夫而成百炼钢，无坚不摧。

# 第十一章 蓄劲如张弓，发劲如放箭

## 第一节 蓄 劲

蓄劲，顾名思义，就是把劲道蓄积起来，准备发放的意思。那么，劲是蓄在哪里？劲要如何蓄呢？劲是蓄在丹田，所以有人称之为"丹田劲"；劲也可以蓄在脚底，准备打桩用；劲也可以蓄在手臂，以太极八法而发劲。

蓄劲是吞，吸而吞入，吞入而束集，束集又称为"束身"，就像一把筷子，把它们束紧在一起而不散开，绑集而聚合成一股凝结力；束身，又牵连到下腰、落胯，有下腰，有落胯，气才能落沉汇集于丹田，为发劲而做准备。

吸吞，不只是鼻间的出入息，重要的是丹田的内转鼓荡。蓄劲要将气贴于背脊，是为"力由脊发"的发劲而做准备；气劲贴拔于背，成为张弓状态，谓之"蓄劲如张弓"。

"张弓"，是把弓拉至极尽，弓有弹力，借弹力而发射。蓄劲还要蓄势，所谓"蓄势待发"，劲，是内里的质量，势，是外表肢体的势态，要内外相合，发劲才能产生最大作用。行家的外势，是走极小圈，使人很难瞧见。

## 第二节　发劲与绵掌

发劲，须是松绵而富有弹力的，如果发劲者自觉双掌碰触到对方身体是硬硬的，就是自己用到拙力，用到两手的局部之力，没有整劲，没有完整一气，不是以腿腰，以气来发劲，而是以天生自然赋有之蛮力而为的，也就是说，是不懂得发劲，是不会发劲之人。

练就浑厚的内劲而且兼具会发劲的人，发劲的状况是，两掌轻触对方，轻松一弹，对方即全身弹抖而出，是直弹而出，非只是退步或移动，是干脆而利落的奔弹跌出。而且按到对方的身体，对方皮肤肌肉被碰触的感觉就像一层棉絮裹身一般，软绵绵的，外表的皮肤肌肉没有僵硬绷痛的感觉，但身体里面的脏腑确是非常震撼与惊悚的，有如临深渊，如履薄冰的危机之感受，但等被打跌出回神之际，才觉身体安然无恙，而自叹不已。

这是高手的发劲，他可以掌控自如，点到为止，不会伤害到对方。若是一般的蛮拙力，出手是无法节制的，打出去就出去了，难以收手控力，所以往往会造成无谓的伤害。

发劲如何让人不觉痛？首先，得先成就自身之功体。功体包含桩功、气劲的浑厚、腰腿的弹抖劲及手的掤劲。站桩是武术的基础，没有桩，任你多会打，都是空壳子，是没有内涵的，而且发劲是要靠打桩的，没有像盘石般的桩，是无法发劲的，只能使出粗糙的蛮力。

气劲的浑厚修炼，得靠以心行气而令沉着，而后收敛入骨，这是拳经之名言，也是老生常谈，但是没有明师口传心授，也是很难成就的。

腰腿的弹抖劲，要像苍龙抖甲般的弹抖。这弹抖的条件，除了底盘的暗桩要能打入地底，还有丹田气的引动，再者，需要腰的拧劲成就。

手的掤劲，也是由站桩盘手，透过松柔的运气行功，而令手劲沉积，成就掤劲，双手两臂，似松非松，似紧非紧，柔中有刚，刚中有柔，外柔内刚，棉里藏铁，轻似羽毛，沉若千斤。

功体成就了，还不一定会发劲，如果没有明师的喂劲，难免僵拙横蛮。

如何发劲令人觉是绵掌，里面有很多的技巧，须是老师当面解说演练，反复不停地说，反复不停地练；领会能力好的，很快就能悟入，悟性差的，可能半年，一年，两年，或更久，但只要坚持下去，总有领会的一天。

## 第三节　蓄劲与喂劲

人一出生，需要母亲的喂食，才能日渐茁壮长大成人；练拳者需要依靠师父来喂劲，才能体悟劲的用法，才能"听劲"而至"懂劲"。现在一般习武者均偏重于盘架子，由于老师不懂得如何喂劲，因此练拳的人，真正学到技击功夫的少之又少，喂劲的功夫濒于失传。

拳术练到了一个相当的水平，为师者应当对徒弟善加喂劲，透过化劲及发劲的练习，使其内劲慢慢爆发出来。练习发劲之前，要先懂得如何接劲；接劲含有化劲的成分在内，简单比喻，如棒球，投手一球投过来，捕手在接球时如果硬接，在球落袋碰触的刹那，会发出一股巨大的撞劲，因球被投手投掷出来，力量与速度是很大很快的，硬接的话，手腕会被震伤。

所以在接球的刹那，必须顺势往后、往下坐劲，也就是接劲，如此才能化去球的猛力；接劲与接球的道理相同，要在此中仔细体悟。

接劲之练习，先由老师向学生做势发劲，让学生练习如何接；劲由小而大，由慢而快，经长期训练之后，神经感应会慢慢产生灵敏作用，也就是所谓的听劲。听劲练出后，慢慢进入懂劲的阶段，此时对方来劲之大小及快慢动向均能感应而知，接劲及化劲的功夫已经成就。只知走化，不知反击，永远是挨打的架子。反击的时机为何，需要为师者高度的技巧，才能使学生在喂劲的过程中，慢慢去感觉，去体会，其中包含两者之间高度的默契。起先为师者做势发劲，学生应势而接，在来劲将尽之际，要抓住时机，反击而出。这其中的比喻，就如我们用力去按一块弹力很大的弹簧，在下压的力量将尽时，会被反弹而出，让学生体会出那弹簧反弹之劲。

拳理所云四两拨千斤，乃是借力使力，假使对方未使出力量，要将其发出，势必付出与对方体重相等之力，如果对方体重超过于你，你如何推动？只有借力使力，来力愈大，反弹之力愈大。

喂劲做势被发，需要高度的技巧，要让学生练至发劲时又轻又巧，完全是一种反弹力，不是硬力。反弹发劲的时机，快了变成相顶撞，慢了又得不着机势，要不快不慢，恰到好处，才能得机得势。

在训练当中，为师者偶尔做势被发，偶尔做个引劲将学生发出，速度时慢时快，劲道时大时小，使学生的触感知觉慢慢产生灵敏作用。

喂劲练习的道理，仿佛我们小时候打板球，球是海绵体连接一条可以伸缩的小橡皮丝线，当球打出去时要顺势拉回，再打出去，连续不断。如果击出与拉回的时机拿捏不准，就无法连续拍打；技术纯熟了，闭着眼睛照样十拿九稳，玩球于手掌中；打板球的技巧，完全在于听劲，当我们练会了听劲，到达懂劲阶段，闭着眼睛也可以将敌人打击出去。

老师不能时常在身边为我们喂劲，在懂得喂劲的道理后，可以与师兄弟或识性的拳友互相喂劲，切记不可争强好胜，使用蛮力，忘记松柔，如此有恒地练下去，两三年就能打好推手的基础。

喂劲，里面有蓄劲的内涵及练习，譬如，老师作势向学生发劲，学生在顺势坐化接劲之时，可以作蓄劲的练习，在承接老师之劲、在坐化之时，转吞丹田之气，凝聚汇聚而敛纳于丹田气囊之内，并将来势来力承接入于脚底，因丹田气的汇蓄集结，而且在顺势往下承接的刹那，自然会产生一股弹簧惯性的反弹劲道，借此反弹劲回打发劲。

## 第四节　脆劲与 Q 劲

脆劲，是干净利落，不拖泥带水，如同撕裂物体，一撕即裂断，不会藕断丝连。

脆劲，如采水果，顿挫一采，果粒与枝梗即刻断离；若是用拉扯之力，果粒会随着枝桠牵连而动，需到一定的距离，果粒才能被拉扯分开。

以脆劲打人，会令人全身颤抖，魂飞魄散，内脏瞬间移位。

脆劲，也可称之为冷劲，冷不提防，劲已着身，如迅雷不及掩耳，脆冷之劲一触着，会吓得人一身冷汗，刚想逃避之时，身体已被击中跌出，等回魂时，犹是莫名所以。

打撞球，瞬间拉杆折回，当母球撞击子球之刹那，子球奔撞进洞的结实力道，可以去联想脆劲的威力。若是推杆的话，力道则有天壤之别。汽车撞到一个物体，忽然刹车，轮胎瞬间锁住，物体被震飞天，这也是一种脆劲。

一根薄薄的塑料带，如以拉扯之力，想让其断开，是很困难的。只要打个活结，以脆劲顿挫一采，即刻断裂，这是脆劲。

太极八法发劲，皆可发出冷脆之劲。如采劲，会采的人只要拇、食、中三指或拇、食二指轻轻一粘一扣，微一作意，气一沉，就能将人之全身撼动，也不需屈膝落胯，甚是微妙，甚难思议。

Q劲，仿佛面粉之筋道，擀揉面粉搓面团，需要力道与时间，二者兼到，粉团才会Q又有劲，可以耐摔耐打耐拉而不断裂，它是具有弹力的，拉长后它会自动回缩，恢复原状。

内劲初生之时是不Q的，是僵固、嫩稚、不活泼、没有生机、没有变化的。要把它揉，把它搓，需要时间去琢磨，需要用功去锤炼，这就是运劲如百炼钢。仿如一把好剑，有柔软，有坚刚，可以曲直伸缩，可以削铜砍铁。

Q劲，可以吸，可以放。吸即蓄劲，放即发劲；吸即拉弓，放即射箭。吸即化劲，放即反弹，化打一气。

Q劲，可以乘载蛮力、拙力、硬力，迭时可以乘载万斤，折回时却可以使出无穷的巧劲；在折迭之中，似松非松，若刚非刚，是柔中带刚，是刚中含柔，它是中道，不偏不倚。

劲，需要依靠老师的喂劲，日久而Q，Q了才能发出脆劲。能发脆劲才是真正会发劲之人。

脆劲，是Q劲成熟了，千锤百炼之后的结晶。Q劲成就了，就能打脆劲，就能发劲如放箭。

# 第十二章　曲中求直，蓄而后发

## 第一节　曲与直，蓄与发

曲，是曲蓄，是一种蓄劲动作，也就是行功心解后段所说的"劲以曲蓄而有余"的意思。行功心解里面，有很多语句，都是重复地说，反复地说，因为这是练太极拳的重点，是太极拳的核心，如果能前后融会贯通而实证，才是会太极之人。

曲，就是不很直，太直则易折、易断；曲，才有伸缩的余地，曲，才有蓄劲的余地；劲，因为有"曲蓄而有余"，才能连续发劲，连续攻击，弹药不绝。

曲，是一种"下腰"动作，是一种"束身"动作，是一种含蓄的作用，是一种凝气蓄劲的态势，把气与劲，曲束蓄结于全身，蓄势待发，为发劲做准备。有"曲"的蓄劲、蓄势，才有"直"的发劲与放劲。

曲而后伸，谓之"随曲就伸"，曲而后伸，即能营造出弹簧劲及折迭劲，还有缠丝、拧转之劲；曲，是一个拉弓状态，伸，伸直而出，是一种放箭状态。曲包括着手臂的曲，腰胯的曲，膝关节、脚踝的曲，这是肢体关节的曲，其中还含盖着内里丹田之气的曲，丹田之气是要曲折迂回，往复折迭的。曲蓄，深层地讲，是丹田之气在曲蓄，身体肢节只是配合，如果没有丹田之气的曲蓄，劲是无法蓄积的，当然也是无法发劲的，若强行地把人推出，也只是斗牛式的蛮力而已，绝对不是太极的发劲。

直，不是真正的挺直，直，只是把筋脉松透、拉开、撑开、拧开，透过运劲、运气，使气通透而敛入筋骨深层。在直中是含曲的，所以，才谓之"曲中求直"，如手臂伸出去，捧出去，似直非直，肘是垂坠的，肩是松开而沉着的，肩的筋节要拉长开去。只有肩的拉拔松开，肘才能沉垂，两个主节才能形成一个基座，发劲才有依靠之支点，才能营造省力原则。脊背要拔直，颈椎要撑直，要顶头悬，立身要中正。

肩的松，不是懒慢，软掉，而是张开、放大，把肩骨筋节拉张到极致，内里的筋有绷紧拉长的感觉。这种拉长张开，不是靠肌肉的蛮力用力，是靠意念带着气劲，用暗劲去行运。

肩松开、拉开、撑开、拧开后，肘自然沉坠，日久，掤劲慢慢长成。

太极拳要求两肩必须往下松沉，手臂往上提举，此时，肩几乎是不动的，只是随着气动而动，因为肩不是随着上臂与前臂而牵动，相反的是因肩根节的筋牵引而带动上臂与前臂，在此情况下，整条手臂的筋、膜、韧带及连动的肌群、神经全部将会被带动牵引出来，包括气和内劲。

手臂前推时，肩不能随臂向前递，手臂往后动时，肩不能随臂后抽。手臂的动作不能牵动肩，肩是一个基座，是主，手臂是从，主从关系须分清楚，只有这样，肩才能松开、拉开、拧开。这肩的松开、拉开、拧开并无着力，如果肩着力，之间的肌肉、神经必然紧张而僵硬，之间的韧带无法拉拔伸开，无法成就弹簧之劲，内劲也将无法成就。

# 第二节　曲蓄不是坍塌

曲蓄，是蓄气、蓄劲；曲蓄，不是弯曲无力，不是坍塌、软懈。

常见的坍塌有两种：第一种是塌肩。第二种是塌膝。分述如下：

## 一、塌肩

塌肩，是肩膀塌陷无力，或者耸肩虚浮，无法坠沉；肩不沉则肘不坠，肘不坠，则支点亦将失去，支撑力没了，劲也将难以施展。

肩是整只手臂的根节，若根节坍塌，劲将何施？塌肩则无掤劲。掤劲是肩、肘、手的整体乘载，缺一就不完整，没有完整，即是凹凸、断续、缺陷。

打拳时，发劲时，肩微微伸展，似直非直，似曲非曲，外表松松柔柔地沉坠着，内里的筋脉需有弹性地撑持着，似松非松，将展未展。

发劲时，劲由脊发，由脊催肩，肩催肘，肘催手，总须完整一气。肩若坍塌无撑着力，劲如何传递至手？掤劲含盖肩、肘、手。肩肘手的掤劲，由含胸拔背而至，若胸不含背不拔，肩肘手亦将失去依靠。

含胸拔背需靠腰胯支撑，腰胯需靠脚支撑，故谓："其根在脚，发于腿，主宰于腰，形于手指。由脚而腿而腰，总须完整一气。"

脚的根节在脚掌，手的根节在肩膀，身的根节在腰胯，三根齐至，加上丹田之气的引导，与意念的到位，合之为完整一气，方可谓之整劲。

## 二、塌膝

塌膝与塌肩，是同一个意思，也是拳法练习与应用时的一个通病。

塌膝，是膝关节坍塌，没有支撑力，在发劲时，杠杆原理的支点失去了。失去了支点的支撑力，在发劲时就无法省力，就会拼出蛮力；再者膝关节坍塌则脚根虚浮，失去平衡中定，肯定是挨打的架子。

塌膝，在武术的步法中，是最常见的毛病，但却很少有人注意得到，尤其是练太极拳者，连站在前面带领学生的教练老师，也会有塌膝的情形，只有会看门道的行家，才看得懂。

因为以盲引盲的关系，因为习以为常的关系，因为大家都如此的关系，塌膝的毛病几乎被正常化了，也因为如此，能练出稳固的根盘及能以根盘之搭配而发劲的人就更凤毛麟角了。

所谓塌膝，就是膝关节软懈，失去了支点，没有了支撑力，无法使身体获得平衡中定。塌膝包括前塌与后塌，前塌，就是膝关节超越了足尖，使上半身失去支撑全身重量的支点，这个支点失去，欲向前使力或发劲，就会没有依靠，就使不出力，也发不出劲，在发劲时，身体会虚浮飘摇，因为下盘没有着力点，因为脚根无法完整的借到地力，所以发劲就变成空包弹，不能发生作用。后塌，乃身体后坐，向后拖曳时，前膝直塌，后膝弯陷，同样失去支撑力，使身体向后仰，腰胯往上突顶，气不能下沉丹田，失去了架势，凡是前俯后仰，漂浮不定，失去支点，都称之为"塌膝"。塌膝就是没有曲蓄的态势，不能蓄劲的态势，膝垮了，膝瘫软了，桩也不能打了，还能发劲吗？

不管前塌与后塌，只要犯了塌膝的毛病，下盘的根，铁定无法练出，涌泉无根，腰亦无主，终将沦为"力学垂死终无补"的局面，不只是功夫不能成就，有的也会留下膝关节疼痛的后遗症。

会不会发劲，与塌膝有很大的关系，发劲时两脚得前撑后蹬，两脚力点向下运气打桩，借地反弹之劲，瞬间同步崩出，完成一个整劲。如果塌膝，那么在发劲的瞬间，因为膝关节的瘫塌而失去完整同步同时的劲道，无法得到发劲的效果，因为劲道被分散支离无法一贯的关系。

塌膝像缺乏地基的楼房，仿如空中楼阁，虚浮飘渺，不能稳如泰山，不能变化阴阳，变得呆滞顽冥，转换虚实不灵，在推手或实战中，只是挨打的架子。

塌膝，很难用语言文字来描述，只能口传心授，以肢体亲自较正说明，才能有所领会，透过推手及发劲的体验，才能快速改正塌膝的缺失，步入正轨。

到公园或体育场看人打拳，会欣赏到很多塌膝的场面，前俯后仰，歪七扭八，千奇百怪。然而见怪不怪，因为太极拳已经变成如此这般，其他拳术亦然，已然成为世俗化，平常化，已经变成养生运动化，虽谓之为全民运动，不知是该高兴，还是该悲哀？

# 第十三章　力由脊发

## 第一节　脊的位置

脊，有人把它解释为夹脊，位在膻中及心窝间相对的后背，这是专指一个穴位，这种说法，过于局部。有人把它解释为背部脊椎两旁的穴位，夹脊，顾名思义就是夹着脊椎骨，是在脊椎的两旁，从胸椎到腰椎，左右各有17椎穴，合计共34穴，这种说法还是有偏颇的。脊，包含脊柱、背部、肩胛等，不是狭义的单指脊椎脊柱，广义而言，它含盖了从尾闾、腰、背、肩、胛等等，它是整面的，不是一点、一穴或单片的。

脊柱，从尾闾到颈椎；肩，分肩关节与肩胛骨。在发劲时，如果单以肩部发劲的话，只用到手臂的力量，若肩胛同时发劲，力量就会更大，更完整。当然，发劲是力由脊发，再透过胛肩，由肩催肘，肘催手，这是指上盘而言。下盘的话，当然是其根在脚，发于腿的，总之，是全身一贯的，上下完整的，不可分开断离的。

行功心解后段有说到："牵动往来，气贴背，敛入脊骨。"这边说到，太极拳在牵动往来的行架当中，要将气运贴于背，然后敛入脊骨，所以力由脊发是含盖脊骨及整个背部，当然肩关节及肩胛亦在范围之内。

## 第二节　如何做到力由脊发？

太极拳透过以心行气及以气运身的修炼过程，令气贴于背脊，然后敛入脊骨，具备了这个气所延伸而成就的内劲，才能真正的力由脊发。力由脊发有三个条件：

第一，下盘桩功的成就，能入地生根，能借地之力，而且要会打暗桩。

第二，手的掤劲成就，有乘载力，能曲蓄而有余，配合沉肩坠肘，能随曲就伸。

第三，丹田之气的凝聚饱满，能将气借由蓄蕴、吞吐、转折、鼓荡等运作而达成发劲的效果。

力由脊发的内涵，是丹田之气的作用，配合脚的暗劲打桩，借地之力折叠反弹之反座力上传，而形于手，所以，力由脊发，事实上是丹田发劲，手、脚、脊只是丹田发劲之借助工具罢了。

依形而说，力由脊发时，要含胸拔背，沉肩坠肘，手臂撑开，似直非直，曲蓄有余，发劲时，手往前按，背脊要弓起，气要鼓起，脚要撑地，下盘的撑地，与上盘的发劲，力道呈前后上下对称之拉拔，互张、互撑、互对，使出去的力道经由下盘的入地暗桩之撑蹬而有所依附，形成反弹力，这也是拳经所说的"有前即有后，有上即有下"，若没有这样，是无法力由脊发的，因为力发出去时，脊背没有下盘的支撑、依靠及打暗桩的反坐力，这个力道只是一个普通的拙力，不是一种巧劲，不算是懂得发劲的人。

# 第十四章　步随身换

## 第一节　步　法

步，就是指步法。步法有平马步、弓箭步、顺步、拗步、进步、退步、过步、跳步、仆步、蹬步等等，这都是步法的形式。以内涵而言，有虚实变化的步法，是重心瞬间的转化变移，也有发劲时蹬脚的步法，关于蹬脚的步法会在第二节中专篇论述。

太极拳在盘架子时，要虚实分清，转变灵活而沉稳，要做到身随意动、步随身换，要将松化偏沉的内容含摄于步法之中。

行功心解云："迈步如猫行。"在架子的运行当中，实脚须踩稳，暗桩要入地三分，虚脚轻轻举起，要如猫般的轻灵，无声无息，不可匆促马虎略过。

步法是支撑全身重量的根盘，俗云："手是两扇门，全靠步取胜。"根盘不稳，步法不灵，在实战时就会变成挨打的架势。在实战中，虚实变换是取决胜负的要件；在发劲时，根盘不稳，无法借到地力，发劲的力道不能发挥出来。

## 第二节　步法中的蹬步

拳谚云："消息全凭后脚蹬""追风赶月不放松""硬打硬进无遮拦"，这些名言都是在标榜赞叹步法中蹬步的神妙。

可见蹬步在武术的练习当中占有极为重要的地位。

"消息全凭后脚蹬"，消息，依字意解是指即音讯、讯息、讯号，若依武术的内涵解释，是指发挥潜在能力的预感或听劲反应及行动时必须去相应、搭配的。不论在拳架或实战中，在技击进攻或进步单练中，都必须以蹬步来进行完成，在实战中，由蹬步而倍增撞击攻打力道，使整劲发挥到极致。

蹬步能练出下盘的奔撞劲道，能于实战中瞬间打桩，借地之力，力由地起，爆发疾速冷脆的内劲，意到、气到、劲到，这样才能追风赶月，才能打进无遮拦，才能在实战当中令对方兵败如山倒，如决堤般的崩溃。在实战中，出拳攻击，如果没有上步，劲道受限，但倘若有上步而蹬劲不足，亦难发挥完善的制敌效果。

练习蹬步，也要兼练站桩，巩固下盘之根。当下盘有根之后，即可做蹬步练习。练习时身体直立，微蹲，气沉丹田，两脚距离与肩同宽。左脚轻轻往前迈出一步，成四六步，重心前脚四分，后脚六分，两手掤起如按人状，这是预备势。起练时，左脚轻轻抬起离地一寸，同时将重心全部移至后右脚，右脚全掌贴地，与地密合，向前蹬出，当前脚踩地时，后脚必须迅速向前跟进，保持与预备势前后相同的脚距，宽度也一样与肩同宽，并保持前四后六的重心。练习50步就换脚，换成右前左后，同样练50步。接下来左右交替练，右脚蹬完换左脚蹬，一右一左地练下去。

**蹬步练习，常见的毛病：**

① 蹬步完成时不能保持重心在后。

② 身体歪斜，前俯后仰。

③ 后脚跟步时脚掌拖地。

④ 把蹬步误会成跳步。跳时身体会虚浮，根劲无法练出。

⑤ 完成蹬步时，两脚没有前撑后蹬之暗劲，形成塌膝状态。

**蹬步的要领：**

后脚蹬地时，气要沉，意念要到位，脚掌似欲将大地踩沉之意，将大地向后推移，使身体借推移之暗劲往前跃进。脚掌好似划船的桨，大地如若江中的水，桨划动，水有一股阻力，脚掌推移大地也有阻力，身体向前进行时也有阻力。这种阻力的自我虚拟与感觉，非常非常的重要，这跟以后所有暗劲的练习息息相关，若能触类旁通，则进步神速。

**推手的蹬步练习：**

向前发劲双按，脚掌打桩蹬进，身更沉，不可浮起。浮起皆是使用蛮力之故，若能气沉脚根涌泉，借地之深沉而形乎于手，劲道才能扎实，才不会虚浮飘渺。

**实战散打蹬步之练习：**

①半步双按：后脚蹬地前进，前脚向前跨出半步，前脚尖向后撑，前后形成二争力，如欲将大地撕裂。②蹬步搬拦捶：后脚以暗劲向前蹬出，使前脚被催动前进一大步，同时同步出拳。

诗曰："蹬步切进敌丧胆，泰山压顶胜在握，硬打硬进非蛮力，道理只有识者知。"

## 第三节 身 法

身法包括肩、胸、背、腰和腿等；武术中所称的身法，有立身、仰身、俯身、侧身、转身、蹲身、滚身、束身等等，这是身法的形式。

这里值得一提的是束身，束身是将上半身从肩胸至腰的部分束结起来，有人把这称之为下腰，就是把腰胯往下落沉，使肩胸也跟着随落连结，这是指外表的身形而言；从内涵而说束身就是将丹田之气，借着下腰的凝聚态势，将丹田之气凝聚在腰身之间，使之不断离、分散。在发劲之时，透过束身及下盘脚根的打桩，使得劲道更加完整凝聚。

身要如游龙般的矫捷，要如老鹰猎食般的疾速，以此来形容身法的灵活。

身是全身的主干，五脏六腑皆藏于内。在实战技击时，身是攻击及防守的要道。内脏虽藏于身内，受到外层肌肉的保护，但内脏是极为脆弱的，不能受到强力的打击，尤其内劲成就的人，劲道是深透内里的，所以，在实战技击中，上身的防守保护是极为重要的。

身法，除了游走、闪躲之外，在技击当中，最好的防卫就是接劲，利用丹田之气所凝结聚成的气囊，来承接、承受对手的来力，然后借着丹田的弹簧劲回打，这乍听好像很玄奥，其实是可能也可信之事，有练到这个层次水平的人，即能确信所言不虚。

身法中，还有腰的弹抖。如果丹田之气充实，下盘之桩能入地，能打暗桩，腰身即能疾速弹抖，像苍龙抖甲般滚荡，这苍龙抖甲之弹抖，在实战发劲攻击时，能发挥迅雷不及掩耳的神速。

## 第四节　苍龙抖甲

先来谈谈抖劲。抖劲，不是手指刻意一直不停地抖动，真正的抖劲，是腰胯的弹抖，像弹簧般的快速弹抖，像狗狗洗完澡将水快速抖干的全身弹抖，又如公鸡抖翎之状。

苍龙抖甲，是一种全身弹抖的抖劲，是由脚根而发。如果脚根的桩基没有成就，如果不懂发劲的要领，任你怎么抖也抖不起来，就算腰在动转，但是就是不像，很别扭而不自然，全身晃动摇摆，好像骨头没接好。

练苍龙抖甲，必须桩法成就，两脚入地生根，要以暗劲来抖，如果以脚的蛮拙力去抖，抖起来，根会虚浮，不能以暗沉劲抓住地力，所以抖起来就会全身摇晃颠簸，这是因为骨头没有"落插"，根不入地，桩没有打入地底之故。

桩法成就了还要懂得发劲的窍门，如果不会发劲，也是弹抖不起来的。若发劲时只会明劲，不会暗劲，也是弹抖不起来的。明劲直来直往，就是抖一下，再抖一下，就不能迂回曲折，随曲就伸了。

苍龙抖甲，就像小孩玩拨浪鼓，两指轻握鼓下端，往复来回动转，使鼓柄造成一个自转，两边的鼓摆变成一个公转，自转越小，鼓摆越快。鼓柄下端就如我们的脚根。两指使的是巧劲，轻灵而不用力，若是用太多的蛮力，鼓摆就会断断续续，忽快忽慢，鼓声就会忽大忽小。

苍龙抖甲，不是练着好玩的。在实战对打时，一拳一掌击出，要立即弹抖而回归原位，准备第二波的攻击或变化攻势。如右掌侧劈头部，弹抖而回以直拳捶打腹部；或冲拳打击腹部，迅即返回以穿掌攻击喉部；也可接二连三地快速连打，谓之硬打硬进无遮拦。硬打硬进，并非盲目瞎打，而是因为攻击的内劲浑厚，而且身手如苍龙抖甲般的疾速，对方只有节节败退，毫无招架之余地，当然，其中还有听劲的虚实快速变化。

苍龙抖甲与闪电手是相关的，腰能快速弹抖，手才能如闪电般的疾速；手如果没有腰的带领，就变成局部力，变成拙

第十四章 步随身换

力,不能完整一气,不能成为一个整劲。腰身的苍龙抖甲与手的闪电霹雳,都须借脚根的入地打桩反弹,所以站桩就变的很重要,站桩是武术的基础。有人以为站桩很单调,枯燥无味,那是因为不懂站桩,练成死力,当然越练越苦。如果练到生出东西来,你一天不站桩,都会觉得很可惜,因为功体一天一天在累积,不练岂不可惜。

实际上,站桩并不枯燥。站桩是外静而内动,意动,气动。你要会使气,会吞吐,会运转,会鼓荡。气,是生动而活泼的,它是有灵魂的,你可以与它对话,跟它建立感情,它与你情同手足,相连相契,永不分离,谓之守气,有如照顾你的爱人一般,呵护着,看顾着,不可须臾分离,永远厮守着。如果能像热恋爱人那样,你说站桩还会乏味吗?不练才可惜呢!

也许,站桩,你不会感觉有功力增加,因为站桩是零存整取,你一天存一块铜板,不觉其多,一年后就有很重的分量。

功夫在累进的时候,有时候你并无感觉,等到水位爆满时,功夫自然会溃决而出,让你觉得不可思议。

桩功成就了,经过老师的喂劲,很快就会发劲,会打桩,会借力,会自然弹抖,腰也能够苍龙抖甲,闪电手也能快速成就,水到渠自成。

桩功成就了,还要会打桩,会打桩才会发劲,下一节我们就谈谈打桩这门功夫。

## 第五节　步法中的打桩

很久以前,去参观六轻,看到,壮观的打桩工程。六轻是填海造厂,所以建厂时要打很多很深的地桩,每一个桩打下去，那种发出的巨响，真是惊天动地、响彻云霄、骇撼心澈。

打桩，这名词，比较少有人作论述；关于发劲的论述，顶多只会说到借地之力、借力使力之类，一般的武术，讲究桩功的不多，甚至有些人贬抑站桩，认为那是死法，误会桩功只是固定、死死地定在那边，有不屑桩功之态势。

其实，桩功并非固定式的，也并非死功。真正的桩功成就，是在灵活变化，虚实变动之中，都有桩法的存在；桩功，不是站着让人推不动的玩意儿。

发劲，必须打桩，打的是暗桩，不会发出巨响。正确的打桩，是桩功成就，内劲成就，内气成就圆满，在意到时已然气到、劲到，完整一气地打桩入地，那种脆劲的反弹，是一种爆破力，瞬间而发，迅雷不及掩耳。

打桩，看不到身形，看不到屈膝，只是气一沉、一凝、一聚而已。若是看到屈身弯腰屈膝，将身体蹲低再奋力挺起，都是不会打桩之人，都是不会发劲之人，都是缠斗蛮使之属，谈不上有功夫。

打桩有后脚打桩，功夫深者，前脚也能打桩发劲，也可在身体前进腾空接地时打桩发劲，也就是所谓的"撞劲"，有了这个前进打桩的撞劲，才能硬打硬进无遮拦，才能追风赶月不放松，才能起如风，落如箭，打倒还嫌慢，起无形，落无踪，起意好似卷地风地达到后发先到的境地。

打桩发劲，还要有手的掤劲做配合，才能相辅相成，因为发劲是一个完整的"体"，如果有一个局部不搭称，不绵接，就会形成"断劲"现象，那个劲发出去，就零零落落，分散而不凝结。

打桩必须通过练习后，才能慢慢得到要领。初学者总是用跳起落地的"打地"方式，但是任由使出吃奶之力，就是打不出凝结有劲道的桩,那个桩打下去,总是空空无物,打得脑袋晕晕的,还是不得要领。

打桩必须桩功有成之后,才能入地有根,劲道才能透入地底深层,入地三分,有了这个基础,才能稍知打桩窍门。只要意一动,气一沉,自然能在瞬间打出结实、磅礴、凝聚,令人惊悚骇然的桩。

打桩,纯是意与气之神妙运用,配合肢体势力,谓之外形内意,谓之内外相合,谓之内外六合,内为意、气、劲,外为步法、身法、手法。步法即灵活之桩法,没有桩法,不会打桩,不得谓之六合。

拳谚云:"打人犹如雷震地""拳打丈外不为远,近者祇在一寸中""拳出如流星,变手似闪电""手到步不到,打人不为妙;手到步亦到,打人如拔草""打人如走路,起落似箭钻。"这些都是在阐述步法打桩的奥妙。

不会打桩,就不会发劲,不会打桩,都是花拳绣腿,都是装模作样。桩者,地基也。没有桩的功夫,都是海市蜃楼。没有桩功做基础的武术,都是王宗岳老前辈所说的"非关学力而有为"的"斯技旁门"。

## 第六节　步随身换

步法是随着身法而变换虚实的,步法的变换,除了外形的前进后退,左腾右闪之外,还有定步中的重心虚实变化,说得更玄一点,还有气的虚实变转,那是无形的,是内在的变化。

外形的步法变换,是随着身法而变,这是普通法,尽人皆知的,不需赘言。步法里面含盖着心法,心、意、念的快速反射，意到、气到，气到而步的虚实已然同时同步完成变换。

身法的转化不如步法的虚实变化，下盘的脚、步以及内里的气有了虚实的变换，则身、腰大可不必有太大的走化移动，只是身子一虚，下盘为实，已然完成化劲，不必前俯后仰，歪七扭八。

# 第十五章　收即是放，断而复连

## 第一节　收与放

收是蓄劲，放是发劲。虽说蓄而后发，好像有前后差别，事实上，蓄与发是一起的，收与放也是连动而无断续分离的，所以说收即是放；看起来好像有断，其实是连接的，所以说断而复连。

收是吞，把劲吞而蓄聚起来，收是吸，把气吸纳于丹田，蓄势待发；收，要下腰，要束身，把气汇归束集于丹田，藏贴于脊背。放是吐，把劲放出去，放是吐气，借由吐气将丹田之气的内转而循着螺线圆弧奔放开去。

收放，是一种虚实的连接转换，是一种阴阳的互生消长，阴极而阳生，收到极致即放出；阳极而阴生，放到极致即收之，收放而自如也。收放，是太极的攻防形式，是虚实无端的变化，虚中有实，实中含虚，阴中有阳，阳中寓阴。

太极的发劲，有着不可思议的爆发力、穿透力、弹抖劲、螺旋劲、脆劲、冷劲等等，这些威力是怎么产生的呢？简而言之，就是"收放"二字。

收放，是一种肢体架构的折迭，是一种气与劲的折迭，透过极快速的折迭，令气劲受到极致的压缩而奔窜出来，因为是折迭的反弹劲，所以这个收与放是没有时间差的，收与放可以说是同步的一个整劲,所以才会说收即是放。

收的质量决定放的效果,蓄劲充满,发放的劲道就会越强。

## 第二节　断而复连

拳经云:"一举动,周身俱要轻灵,尤须贯串。……无使有缺陷处,无使有凸凹处,无使有断续处。"行功心解云:"往复须有折迭,进退须有转换。"又云:"劲似松未松,将展未展,劲断意不断。"这些经论,一再的强调,无论打拳架或在推手散打时,是不能有断续的。

断,就是分离、散开,没有连接在一起。譬如,打拳架或做基本功,如果没有相续,没有绵绵不断,把一个完整的动作一分为二,中间有所停顿、中止,没有把它圆成一个弧接续上去,变成有一个空当,一个隙缝,使得一个动作失去了连贯性,这就称为有断续,中间有一个小小的裂缝。这个断续,会使得内气无法获得贯串,无法一气呵成,使气的运行,不能完整,就变成一种缺陷。

没有连续贯串,就是断,就是丢。就推手而言,断、丢就是没有粘、连、黏、随,肌肤皮表与对手分开,失去神经触感机制,无法获知对手来势、来力的动向与出力的大小,失去预知能力,失去主控权,无法掌握先机,无法得机得势,知己知彼。

断与丢,虽说是一种病,但这是狭义的说法。广义而言,断与丢,在高手应用得当时,能断而复连,丢而相续,它就不是一种病了。譬如说,在推手应用时,你一提劲将对手提起,对手虽已脚根虚浮而起,但身体后仰,顽强顶抗,你只要轻轻一松开（手离开对方身体）一引，对方会很听话，身体会跟着被下引，你再顺势一接一搭，再放劲使对方跌出。这其中的轻轻一松一引，手瞬间虽有离开对方身体，在广义而言，这不算是断与丢的，这就是所谓的断而复连是也。而且，这是一种高度的技巧，只有高手才能使得出来。如高空特技的荡秋千，两组两人式的，甲组下方之人放手，去承接乙组之人的手，这中间是分开的，但他能掌握时间与空间的机制，当他承接到乙组之人的手时，就是复连了，中间虽有断，但断而复连，终而做了一个圆满的续合。

广义而言，这不算是断，真正的断，是有了缺陷；有了缺陷是很难再相续的，就算勉强相续了，也是有凹凸不完整的，这就是有了缺憾。

所谓藕断丝连，藕虽断了，还有丝相连着，你一提，下段的藕还是会被牵动而起。在推手时，双手离开对方身体，表面的虚相看，似乎是断了、丢了，但是藕断丝犹连，手丢离了，还有气相连，你要能牵动气与势，把气与势再复合相连起来，完成断而复连。断而复连，以心法而言，是劲断意不断，意不断就可以再把劲复连起来、接续起来。

# 第十六章　往复须有折迭

　　往复须有折迭，如何解析它真正的意涵？如果只是依文解义，令人看了也是一知半解，似懂非懂，莫知其中奥妙。

　　往复，就是来来去去，往往返返，周流不息，没有停顿处，没有断续处，没有凹凸处；去又折回，往而复返。在去又折回，往而复返之中，它的连绵贯串相接之处，自然形成一个折迭，恰似折棉被，把它迭起来，折起来的棉被虽然有多层，却是层层相迭，相接，相连，还是一个完整的被子，这就是拳论所谓的完整一气，透过完整一气，而完成一个整劲。

　　有名家解释折迭，如是谓："折迭乃是手臂相沾，互相翻覆，虚实因以转变。"俗云"翻云覆雨"，就是折迭的变相。

　　我们来探讨一下名师的释义是否正确？他说，折迭乃是手臂相沾，意思是说两只手臂互相沾贴着，然后互相翻覆，互相翻来覆去的意思，在翻来覆去之中，虚实因此而得以转换变化，也就是俗话说的"翻云覆雨"的意思，这也就是折迭的一种变化的相貌。名师如是释义，是否值得质疑？我们来探究一下：

　　他说："折迭乃是手臂相沾，互相翻覆。"手臂相沾，就是沾黏着，有相贴着；即有相贴着，就不是折迭，沾贴在一起，如何去折迭。他又说互相翻覆，两手臂沾贴在一起，然后在那边翻来翻去，虚实因为这样而转变。翻来覆去谓之转变虚实，道理好像不怎么通，因为翻来覆去，大家都会。一讲，大家都会的，就不是功夫，功夫是靠持续的修炼与体悟而得，必须有行门的功夫，然后才能有所悟。还有，用翻云覆雨来解释为折迭的变相，乃是自己的意识思维，与理似乎不通。

翻云覆雨，原意是用来比喻反复无常，也引申做人玩弄手段的高明及极其翻天覆地的做事行为，或用来形容男女之间的床笫之事。如今，大师用翻云覆雨解释为折迭的变相，与折迭原意似乎有很大的出入。

名师如是释义，是否符合拳理，至今尚无人提出不同的论述。但无人异议，并不就表示正确，只是大家都因不懂而落入他的不正确的见解当中而已。

个人谨以习拳的体会，略述己见供参。

折乃一个东西把它折迭相连，而不是两个东西互沾、互贴，所以谓之折。如果是两件东西相贴，是可以谓之迭，两个或三个或多个东西，可以迭在一起。即是迭，就不须折，只要迭着就可以了。所以手臂相沾，谓之迭则可，然不可谓之折或折迭，至此，道理明矣。

在打拳运功时，在往往覆覆，来来去去的动作中，必须有许多的相连、相接、相迭之处，俗语谓之重重迭迭。这相连、相接、相迭的主要目的是要把外表的肢体动作及内在的气贯串起来而不断离成为一个完整的路劲，这样，气才能内外互相鼓荡，动作才能协调无间，如行云流水一般，如长江之浪一样，滔滔而不绝。

折迭的目的不只是纯粹的相连、相接、相迭而已，它蕴藏着不为人知的掤劲及暗劲的修炼。在折迭处，会形成一股极强大的反坐力、反射力；使筋脉拉开着、掤着，然后造成一股自然而成的弹力，久练之后，由于掤劲的沉敛与浑厚，以及筋脉的弹簧之劲的养成，而使发劲能在瞬间快速爆发，去而复返，快速归位，准备下一波的连续攻击。

折迭，必须以意导气，在极松之中，去感觉掤处的沉。运用折迭，令气、劲一波一波地向前涌去，去而复返，返而又去，气的往往覆覆，就像有规律有节奏的往返，功夫使久了，蕴藏的内劲，日复一日的累积增长，有一天，当你感觉手一举动，特别的沉重，表示内劲已渗入而敛骨，成就不为人知的暗劲。这种折迭的行功运气法，就是行功心解所说的运劲，靠着这个运劲的功夫，而练成百炼钢，终而成就极坚刚的内劲，而能无坚不摧。

折迭处，就像浪涛，一波强胜一波，而且暗潮汹涌。在每个关节处，后浪推动前浪，要须营造一股强烈的阻力，因前浪的阻挡会形成阻力，在肩催肘，肘催手的过程中，自己去营造出阻力，这个阻力就是折迭处的动力，那种阻力的感觉，只有自己能觉知，外行看不出，懂得门道的，看了就会点头。

肢体的折迭，不是像折棉被般的折迭，它只身体上各个关节的往复伸缩压挤，靠着内部的气与外面空气的挤荡所营造出来的阻力，使各关节因推挤而形成的阻力在一前一后或一左一右及立体回旋所造成的往复压挤，在阻力衔接之关节处形成折迭，所以这种折迭非是像折棉被一般的重迭相贴黏在一起，只是自己身体各部关节在动作的往复间所营造出来的压缩阻力，也是一种反推挤之暗劲。

折迭就像盒子装着自动弹击的拳击套，枢纽一按，拳击套自动击出，因为接连拳击套的弹簧具有折迭的弹性。身体各部关节的折迭，就像这个弹簧机，在用时能迅速地一举而出。

发劲要有折迭，才能打出绵掌而让人奔跌而出；若无折迭，就像一只硬棒子直戳人家，只能感觉那种力是笨拙僵固的，这种蛮拙之力，缺少虚实变化，打了就打了，不能伸缩自如。

而折迭的绵掌，确能掌控自如，随心所欲，变化多端，能在听劲、懂劲的神妙中，反应而变化虚实，发劲而人不知，当你觉知时，已被打出，却莫名所以，一片空白，停顿半响，一时无法回神。在化劲及接劲时，也是折迭在起作用，如何将对手的来力接化到脚底，须靠着各个关节如弹簧般的折迭及丹田气的折迭伸缩，而化解对方的强势来力，然后反弹回去，完成一个化带打的完美动作，所谓连消带打必须借由折迭的作用才能发挥效用。

一般使拙力的技击，大部分是以招架来阻挡对手的攻击，只有太极拳及等同太极拳的内家拳所拥有的折迭功夫，始能发挥"化即是打"及"连消带打"的功能。

折迭，不止是身体肢节的往复伸缩，它还含盖气与劲的内转圆弧立体的转折，所谓丹田内转及气在脊背的往复流荡是也。

# 第十七章　进退须有转换

　　进退须有转换有何涵义？在进退当中为何须有转换？又是转换什么东西？我们先来看前辈们对此句如何释义，某师谓："进退不要拘泥一式，须有转换随机变化也。"这个释义，没有说到重点，因为原文已经说"进退须有转换"，既然进退须有转换，当然是不能拘泥一式的，否则就不必说须有转换；再来，随机变化大家都会讲，但变化的内容是哪些？要变化什么？则没有交代清楚，所以此师并没有释义到此句的真正内涵。

　　又某师谓："凡有进退亦必要用转换，此为身法步法配合之一致，故须有此研究，方可以言变化。"此师的释义，虽有说到身法步法配合，但也没有讲到核心，解释得太过简略笼统。

　　综观两位大师之释义，并没有将此句涵义真义解释透彻清楚，一般读者阅读后，可能还是不能真正理解其义，或者只是一知半解，似懂而非懂。既然要释义，要出书，留到后代，就得详说细解，不能只是依文解义，含略而过或稍有掩藏。

　　"往复须有折迭，进退须有转换"，乍看好像是一种文章的对称辞句，古人写文章，做诗对词，都是喜欢上下互对的，这样颂起来文雅而顺口，增添诗词之华丽。然而，行功心解如是遣词用字，并非着墨于文句的互称华丽，而是说明了两件功法，一是折迭，二是转换。折迭已有专篇论述，不再重复，现在主要讨论转换。

转换就是转化变换虚实。虚实包含步法的虚实，身法的虚实，手法的虚实及气的虚实等等。

拳论云："虚实宜分清楚，一处有一处虚实，处处总此一虚实。"虚实贵在变化，不是刻意固执地把步法分得清清楚楚，如果只固执地讲求打拳架时，把步法分得清清楚楚，而在用时，却不知不懂得变化虚实，终究还是挨打的架子，终究还是死功夫。一处有一处虚实是说全身每一个地方，都要有虚实变化，所以，要处处总此一虚实，处处都要有虚实变化，运用之妙，全在这个虚实的变化。

在推手或实战时，前进、后退、左（腾）顾、右（闪）盼，皆须靠步法、腿法的疾速转换虚实；即使在定步（中定）不动时，亦能将支持身体重心的下盘之脚根的虚实，灵活转换，要化、要接、要打，打而必得，发而必中都是依靠虚实的神变转换。

步法的转换之疾速，是有前提条件的，必须有坚固的桩功做基础，若桩功不成就，不能运使暗劲打桩入地，那么在前进、后退、左腾、右闪时，定然造成身体重心的虚浮飘渺，即使动作再快，也是虚快，起不了变换虚实的作用，还是挨打的架子。

步法的转换，不局限于前进后退之间，还有摆扣、游走、穿梭以及后脚蹬、双脚打桩蹬、前脚后撑、双脚后撑打桩等等。

腰身的转变虚实，得由下盘的脚根来触发引动，虽说主宰于腰或腰为主宰，但腰的主宰原动力，是来至于脚，脚才是根本，所以才会说其根在脚，发于腿，主宰于腰。会运使腰抖劲的人，会震身功的人，会苍龙抖甲的人，一定是桩功成就的人，一定是会打暗桩的人，一定是入地生根的人，这些成就者，一定知道我在说什么。

手法的转变虚实，同样是由下盘的脚根来触发引动，还是那句老话："由脚而腿而腰，形于手。"重点在于"总须完整一气"，也就是整劲的意思。手法的转变虚实，也是有前提条件的，必须有掤劲做基础，手一提一举，似松非松，似直非直；曲中有直，直中含曲，曲蓄而有余，将展未展，藏而不露，藏而含蕴；松柔中有极坚刚，松而不懈，棉里藏刚，刚而不拙。

手的虚实转换，靠的是触觉，凭的是听劲，以神灵还虚的懂劲功夫，不需透过意识传递的一种自然反射动作。

气的转变虚实，这是比较深层的虚实转换。其实，所有的虚实变化，都是以气来掌控的，若无气做基础，就无法引气下沉至脚跟，入地打桩，快速转换虚实以及做发劲的动作。而气的储藏所，就是丹田气海，就是腰间，也就是十三势歌所谓的"刻刻留心在腰间"的腰间，也是之所以要说"主宰于腰"的原因。十三势歌云："转变虚实须留意，气遍身躯不少滞。"已然很清楚地交代，虚实的转换，最重要、最要小心留意的就是"气遍身躯不少滞"，也就是要将气传达到全身而不呆滞的灵活转换虚实，也唯有这样，才能达到"屈伸开合听自由"的灵敏懂劲之境地。气的虚实变化，在接劲、化劲时，只是被打的地方一松一沉而已，不是全身歪七扭八的去走化，不需手去招架格挡，只是气的一个松沉，即可化去来力，这才是真正懂得变化虚实之人，才是懂劲之人。

发劲打人，也是气的作用，手只是被借用的工具；在发劲时，腰间丹田一凝一聚，将气同时同步疾速引至脚底涌泉，借地打桩之反弹劲，由腿而脊而手，完整一气，快速引爆，是迅雷不及掩耳的。

综上而言，进退须有转换是含盖着脚、腿、腰身、手、及

第十七章 进退须有转换

气五大要素的虚实变化，与拳论所谓的"其根在脚，发于腿，主宰于腰，形于手完整一气"是遥遥相对、相呼应、相托称的，是环环相扣，互为贯串的。

此外，进退的转换，也含着招法、招式的变化。如我按对方，被化去，即转换为挤或靠，贴身打入；或我被对方双按，走化承接后，即以采或挒应之，这是招式、招法的虚实转换。

总之，拳法无定法，拳法的运用有如兵法，运用之妙，存乎一心，没有固定的招式，没有固定的势法，在诡谲的战斗中，是瞬息万变的，在进退之中，如何去掌控转换虚实，转换招势，如何拿捏、取舍、变化，都需透过实际的体验之后，才能领会，绝不是听听、看看、多闻而可以致之。当你心领神会，融会贯通之后，说出来的拳论、拳理，就会有实质的内涵、分量，读起来，不会让人感觉空洞无物，抄来抄去都只是人云亦云的翻版模式，没有自己的东西。

写拳论，定然要有自己的体验证悟后，才能融会贯通，知道拳经、拳论在说甚么，写出来才会掷地有声。要释义经论，经论里的每一句都可以写一篇专文；要释义，就必须阐释论述得详细深入，如果一言带过，依文解义略过，那是翻译，将文言翻为白话而已，不能称为释义。如果释义不明，或释义错误，反而遭到后辈晚生唾骂，枉费一世英名，值得谨慎。

# 第十八章 极柔软，然后极坚刚

## 第一节 柔软是太极拳的特色

一般武术，都是讲求用力的，都是要练力的，只有太极拳反行其道，主张用意不用力，甚至强调用力非太极。用力，大致都是用于手，而太极拳却主张用手非太极，主张手只是被动、被牵引的工具。

所有的太极拳，无论何派何式，都是以松柔为主的，有些门派则有刚烈的发劲打法，个人以为，这种刚烈的发劲打法，是内劲已经成就的人比较适合演练，若是初学者或内劲尚未成就的人，练这种刚烈的发劲打法，只会练成拙力，内劲永远生不出来。

太极拳为何要以松柔而练之呢？

因为只有柔软松净，加上太极特有行功运气方法，才能使气血畅行无阻，也唯有柔软松净才能使气沉着而收敛入骨，汇聚而成内劲，内劲成就后，就是运劲的练习，"运劲如抽丝""运劲如百炼钢"，终而，能极坚刚，能无坚不摧。

## 第二节 专气致柔与顽松

老子说："专气致柔，能婴儿乎。"婴儿刚出生，筋骨柔软，气旺血足，是一个纯阳之体，但是随着年龄的增长，以及对世间六尘的贪着，使精气神逐渐枯竭，到老则百病丛生，而至命终。所以，想延年益寿，保命安康，只有从"专气致柔"着手。

欧美人士以为锻炼身体，就是去练肌肉的健美，肌力、耐力的强度，所以他们常去的地方就是健身房，常做的运动都是属于比较激烈的，如跑步、举重、重力练习等等，练武术也是着重在打沙包、击破以及极限耐力与速度训练。殊不知，这些运动训练，都是增加心肺及肌骨之负担与加速老化而已。所以，还是炎黄子孙有智慧，知道"练炁"，知道气在人体的功能与重要性，更知道"专气致柔，能婴儿乎"的返老还童健身保命的道理。

太极拳是以练气为主轴的武术，不只能达到健康的目的，还兼具武术大乘功夫的成就。但是现在的人，有智慧者少，崇洋者多，所以说起武术，无非都是比力气，比速度，他们永远无法体会太极拳论所说的"斯技旁门甚多，虽势有区别，概不外乎壮欺弱，慢让快耳。有力打无力，手慢让手快，是皆先天自然之能，非关学力而有为也。四两拨千斤，显非力胜；耄耋能御众之形，快何能焉"的深奥道理。

所谓"专气"就是将体内之气专一、集中起来，专集统摄起来。气的"专集统一"，靠的是神的内敛，眼神、精神都须往内心收摄，往内心深处敛聚，向内审视、观看，专心地用自己的神意，将气统一、沉守，不要让气散漫、失离，将气专集守住，守在丹田，沉敛汇聚于丹田，这就是所谓的"气守丹田""气沉丹田"。

为什么要气守丹田呢？因为气这个东西，如果没有把它看顾好，守着它，善待它，它就会散乱、漫失，而且，我们活在这个欲界的凡夫，都是贪欲的，都是贪爱六尘的，五欲六尘，财色名食睡，色声香味触法，无一不贪；有贪就有瞋与痴，贪、瞋、痴三毒，使人为非作歹，也使人身中宝贝的气日愈耗损；有心机的人，攻于心计的人，整天想害人，嫉妒人，见不得人家好的人，体内的气都是散乱不平的，所以这些人不会长命，也会疾病丛生。

如何气守丹田、气沉丹田？丹田是贮藏气的地方，所以又称为气海，如大海一般，能容纳百川之水而不溢满；丹田之气充实饱满，不会有"啤酒肚"，不会因为气的实满而挺出大腹。丹田像一个气囊，如果气不沉聚于丹田，那么，这个囊就瘪扁而不开拓；丹田之气愈饱满充实，这个气囊就愈硕壮而坚厚，是可以抗打击的，所以，也不必刻意去练那些诸如金钟罩、铁衫布的"斯技旁门"功夫。

"专气"就是将宝贝的气，与自己的心相守于丹田，心息相依，不即不离，好像照顾一个小孩，时时刻刻，眼不相离，只怕一刹那没有顾及，小孩就会跑失、丢掉一般。又像母鸡孵蛋，寸步不离，使蛋的温度不失，才能孵出小鸡一般。

"专气"为何能"致柔"呢？因为气能驱血而运而动，血是热的，所以才会有热血沸腾之语；气当然也是热的，不热就是失温，人有体温，因为有气血的关系。太极十三式歌云"腹内松净气腾然"，这里所称的腹内，虽是概指丹田，实际含盖了全身内外的松净，只是以腹内丹田为代表而已。

腹内松净了，丹田之气自然会"腾然"，会热腾起来；气，热腾了，就会渗入骨髓筋膜之内，使骨髓充实，筋膜富有弹性，也能使筋骨达到柔韧的效果，这就是道家老子所谓的"专气致柔"的道理，能专气致柔，就能返老还童，像婴儿一般。

精气腾然后，渗入沉敛汇聚于骨骼之中，使骨骼充实，骨密度充实，不会有骨质疏松症，不会跌倒就骨折。而且，气敛入筋骨，日积月累，累积成太极拳之内劲，在技击运用上，才有真正的爆发力之实质内涵。西洋拳把爆发力解释为肌力与速度的联结，这与太极拳之内劲所引生的爆发力，是截然不同的东西，是不可同日而语的，是天差地别的。

练太极拳，大家都知道要松，但松的真义为何？知之者甚渺，以为松就是顽空不用力而已，以为松就是软趴趴的不着力而已，如果真那么简单，那么，成就太极拳功夫的一定如过江之鲫，多如牛毛了，但是事实并非如此，真能成就太极功夫的，实在是凤毛麟角，少得可怜。因为他们都误会了松，无法体会松的真义，他们都疏忽了"专气"两个字，没有专气是不能致柔的；没有专气的松，是空中阁楼，是懈漫无物的。没有专气的松，是一种"顽松"，是不切实际的懈怠，不是真正的松。顽松的太极拳，只是体操运动而已，不能致柔，无法练出太极内劲，不能成就太极拳的功体，只是白忙一场，到老一场空而已，更遑论太极之发劲等上乘功夫了。

柔涵盖 Q 与韧，以及弹性等灵魂生命力。柔，像水，能载舟也能覆舟，水的柔，像温雅含羞的少女，水的刚猛，如海啸，能毁天灭地。

顽松是软趴无力的，是空洞没有气机与生机的，因为缺乏"专气"的内涵。顽松不是真松，顽松不是太极拳，只是肤浅的体操运动，称不上拳术。顽松不能成就太极内劲功夫，只是凡夫俗子的花拳绣腿。专气才能致柔，才能至柔至顺至松，才能气腾然，才能收敛入骨，才有内劲的汇聚成就。

顽松，就是耽搁于空洞虚无的海市蜃楼之中，玩味沉溺于轻松飘忽的感觉，在佛门的错误修行中，谓之顽空，误认一切法都是空的，都是缘起性空，只要缘灭了，一切归于空无，成为一种断灭空，所以生活就没有一个目标，因为到终了，一切都会断灭，所以就有消极遁世的思想产生。

在修行领域中，很多人喜欢打坐，喜欢打坐中那种静定空幻虚无的感觉，因为那是一种极度放松的觉受，所以一坐就不想起来，而且在静坐之中，不喜欢有人打扰，不想听到吵声、杂音、噪音，听到噪音就会起烦恼，不觉的生起闷气。

禅宗有一则公案，一个修行人在打坐，禅师问曰："做什么？"

回曰："成佛。"

禅师拿起砖头不停的磨，修行人问曰："做什么？"

禅师回曰："做镜子。"

修行人说："磨砖哪能成镜？"

禅师曰："枯坐哪能成佛？"

这则公案给了我们很大的启示，修行不能沉耽于"顽空"之中，如果误认"一切法空"，那，修行是在修什么？一切法"缘起性空"，缘起缘灭，但有缘必有因，如果有缘而无因，那么，缘灭后，一切都断灭了，那修行的目的是什么？总还有一个不生不灭的实相心本际存在，修行就是透过参禅去找到那个不生不灭的实相心，把那个实相心所含藏的污染种子净化，才能次第升进，终究成佛。

若是成天打坐，耽溺于虚无缥缈的顽空之中，永远也找不到自己的本心，修行就变成没有目标，没有意义的天马行空。练太极拳也是一样，如果只知松，而不知松中还要以气去致柔，就会落入顽松之中，永远无法成就太极拳的功体，永远无法练就内劲，打拳也将变成无意义的鬼画符，比手画脚，装模作样而已。

太极经论及行功心解，都是以气、劲为主轴，扩充延伸的在论述，祖师前辈们处心积虑地谆谆教诲，期望能一代一代有所传承接续，然而，太极拳推展至今日，是一代不如一代，那些盲从附会赶流行的太极拳门外汉，倒戈式的一再否认气与劲的存在，一再质疑太极拳是否需与气牵扯在一起，如果是太极拳初学者，情有可原，偏偏那些已经学练太极多年，而且已然成为太极拳教练的推广者，却固执地否定气的存在，并顽劣地主张太极拳不必练气，这实在是太极拳之悲哀事，实在是太极拳推展中的最大阻力，也是太极拳武术无法升进的原罪者。

## 第三节　柔软与坚刚

太极拳的柔软，主要目的是让精神放松，让肢体中的骨骼、肌肉、筋脉、神经等能够松和，使气血的循环顺畅无阻，然后才能做行功运气的修炼。

太极拳，外表看起来是大松大软，但是内里却是暗潮汹涌的，是催筋转骨的，内涵是非常精致细密的，绝对不是空无一物的顽松与顽空。

太极在松柔之中，有气的吞吐，有气的蓄蕴，有气的鼓荡，有气的折迭，有气的虚实转换，有阻力的拔河牵扯，有根盘的入地暗桩，有全身二争力之互动，形成一副精采绝伦的美妙画面。所以，在极柔软当中，要有这些内涵，不是空无一物的顽松，如果没有内里的气与劲的运为，无法成就极坚刚的太极内劲。

下一节要说到坚刚的内劲与阻力的关系，练拳如果没有阻力的存在，没有练出阻力的感觉，就是没有把气运出来，没有得到运劲的效果，就无法达到百炼钢的阶段，也无法成就极坚刚的太极内劲。

## 第四节　太极内劲与阻力的关系

在水中划船，桨拨动水时，会产生一股阻力，因阻力的关系，船才能动，或前进，或后退，或左右摆动，或顺逆旋转。

打拳如陆地行舟，在地面上，要把空气当作水，自己要去营造出强烈的阻力。若没有这股阻力显示出来，打拳就成为空中楼阁，虚无飘渺，空无一物，白忙一场，只能说是运动运动，活动一下筋骨而已，不能聚成内劲，不是真正的打拳。

打针，推动针管，要缓缓慢慢的，因为有阻力的关系。打拳要像推针管一样，缓缓的、慢慢的，好像有人阻着你，让你使出的力受到阻碍。

因阻力的缘故，令空气压缩你的身体肌肤、皮表、筋脉，直至与体内的气相互压缩鼓荡，使气产生摩荡、激荡，而生机勃勃，这叫作气宜鼓荡，这叫作内外相合，这叫作完整一气，这叫作连绵贯串。那么，要如何去营造这股阻力？如果只用双手空挥，任你使出多少蛮力，都不会有阻力的感觉，只有慢而松而沉，气才能被缓缓绵延地被带动起来。

手的动作，需由脚来支配，由脚跟来带动。脚掌需贴地，以暗劲轻抓地面，运用二争力，前后撑蹬，或左右撑蹬，或回旋撑蹬。只能用暗劲去撑蹬，若使拙力则空费力气。

如果没有成就桩功，下盘桩基不能入地，使出的便成为蛮拙之力，因为缺乏气的沉着，无法落地有根，也无法使出暗桩的二争力，如此就无法自己制造以二争力所营造出来的阻力。所以从这里而言，桩功就变得很重要，不修炼站桩，脚盘无根，无法使出暗劲二争力，也就不能营造出阻力，更无法成就内劲。

在打拳行功时，如向前的动作，后脚向前暗劲蹬出，前脚暗劲微微撑住，上半身是被动牵拖而出，气寓于下，令身体向前摧动，阻力就出来了，行气越慢，动作越慢，阻力就越强烈，就会牵动体内的气血，压缩奋张，激荡气血生机勃勃，鼓荡而腾然，而收敛入骨，久而汇聚成内劲。向前如此，向后、左右亦然，凡此皆是意。

后脚向前蹬时，由于前脚的暗撑，身体欲向前时，反而有被前面的空气压阻身体会微微向后挫，手臂至松至柔时，肩膀向后圆弧折迭而出，手的阻力会更强烈，会有胀麻沉坠深重的感觉。

阻力是靠行气而得，非依蛮力而致，得靠丹田的气去运为、输送，由内而外，才能营造出来。

打拳全凭感觉，感觉到了，你才能学到，学到以后，就得下功夫去储蓄功力，内劲是靠长期累积而成，没有速成班，没有不劳而获。这个感觉，要靠自己去悟。而悟是靠练习而得，没有练习，就没有体会，就没有感觉，如果只想凭空想象，胡乱思维，到老还是一场空。

# 第十九章　能呼吸，然后能灵活

## 第一节　呼吸与练拳

呼吸一法，在内家拳练习当中，占有极为重要的地位，是每一位老师与学生均不可忽视的课题。

有些老师如果问他："练拳如何呼吸？"他会回答说："自然呼吸就好。"问题是，如果自然呼吸就好，那么就不用练习吐纳，不用练气，也不用以心行气来练内功了，如此，气如何沉着、收敛？内劲焉得生长？内功之体如何成就？

如果自然呼吸就好，那么就不用勤苦练习太极拳了，怎么说？因为每一个人都会自然呼吸，婴儿一出生就会自然呼吸，甚至在母亲体内已经会自然呼吸，不用人教，不会呼吸则不能生存矣。

行功心解云："极柔软，然后极坚刚。能呼吸，然后能灵活。气以直养而无害，劲以曲蓄而有余。"这是练习太极拳的方法，意思是说：练拳一定要非常的松柔，不能存有丝毫拙力，如此才能练就极坚刚的内劲。懂得呼吸吐纳的丹田运气方法，在推手或散打时，才能运气发劲灵活无滞。所以说气以直养而无害，气，就是呼吸吐纳，运而养之，一直长养它，只有利而无害，久则能蓄积内劲；劲是由呼吸吐纳运气导引而敛入骨髓、筋脉，它是活动活泼的，而且是可以蓄积储存的，故谓曲蓄而有余，随时可以蓄而备用，永无穷尽。如果练拳不必学会呼吸，行功心解就不会在此特别强调"能呼吸，然后能灵活"，智者思之明矣！

行功心解又云："以心行气，务令沉着，乃能收敛入骨；以气运身，务令顺遂，乃能便利从心。"意思是说：用我们的心意来行气，导引运功。所谓行气就是要学会如何呼吸吐纳，不是自然呼吸就可以行气。行气呼吸的时候，必定要沉着，沉着须透过松柔的练习，才能使气沉敛而入于骨髓，产生极坚刚的内劲。以气来运达于内身，呼吸运行之时，一定要顺畅舒遂，在运气发劲时，才能够知己知彼，得机得势，随心所欲。

在此，行功心解特别强调以心行气、以气运身要以心行气、以气运身，不是呼吸又是如何？但它不只是自然呼吸而已，里面有运有为，有意念与心行。

经过这样的说明，就能够明白呼吸的重要。所以练太极拳，首先就是要学会呼吸。那么要如何呼吸呢？呼吸就是吐纳，吐旧纳新。将外面新鲜的空气，经由鼻腔吸入体内，再将体内之废气毒素排出体外。但是，如果只用平常之自然呼吸，效用是极微的，所以必定要透过学习太极拳的呼吸，始能得益。一般的运动，纯是肢体之活动，不能运动到体内的五脏六腑；而太极拳的呼吸、吐纳运气，是着重在五脏六腑的运动，借由吐纳导引，驱使横膈膜上下鼓荡，使内脏得到活动与温养，达到健康长寿的目的。

一般的呼吸都在肺部胸腔，内家拳的呼吸在下腹丹田处。胎儿在母体由脐带呼吸，出生至三岁左右，呼吸也都在下腹丹田处，一段时间后呼吸慢慢转上，这都是由于众生对五欲六尘的贪着，对财、色、名、食、睡及色、声、香、味、触、法的执取，导致体内真气混浊，气浊则升，气清则沉。当浊气升到喉间，一口气不来，生命就结束了。

诸位可以去观察一些年迈气息微弱的老者，他们讲话总是支支吾吾，声音结滞在喉中，气短而喘，这是油灯将尽，生命气息奄奄。所以想健康长寿，就要做返工的工程，将气再练回原来的丹田处，此即谓"返璞归真"。

丹田，又称气海，是凝聚真气的地方，因为可以无穷尽聚存真气，像大海能纳百川，永不会溢满，所以才会说"气以直养而无害"，永不溢损故。

呼吸要深、长、细、慢、匀。吸气之时，要深及下腹丹田处，气要拉长，要很微细，而且要很慢而均匀舒遂，不可急促气喘或憋气。吐气时，宜将废气缓缓吐尽，如果吐之不尽，将会残留在体内，形成毒素。

**呼吸调息有四相：**

① 风相：呼吸时鼻中气息出入感觉有风声，这是呼吸之病。

② 喘相：呼吸虽无声，但气息出入，结滞不畅顺。

③ 气相：呼吸虽无声亦不结滞，但出入不细。

④ 息相：呼吸无声、不结滞、不粗，出入细细绵绵，似有似无，若存若亡，神气安稳。

前三相，是不会呼吸，不懂得呼吸，乃自然呼吸者之通病。第四相是正确的呼吸。所以呼吸是有学问的，想练就好功夫，先得练会呼吸，否则将会落到"练拳不练功，到老一场空"的窘境。

太极拳之呼吸，是逆呼吸。吸气时，把下腹微微内缩，将丹田之气，引至两肾背脊之间，谓之"气贴背"。此时横膈膜往上升，鼓荡了内脏。吐气时，将废气慢慢吐出，此时虽是吐气，而体内之真气会往下沉，要练习至气沉入丹田，在这同时，因气之下沉而令横膈膜往下压缩，也鼓荡了内脏，这就叫"内脏运动"，内脏透过这样的鼓荡作用，气血即能畅通而活络，生机蓬勃，使人神清气爽，健康而有活力。

气是可以凝聚储存的，每日持续不断地练习吐纳导引，以心行气，以气运身，意守丹田，气就越来越饱满。气饱满了，心能清净了，欲念能淡薄了，当你的心真正的能够安静下来时，透过站桩、练拳，气就会开始腾然起来，当然时间要够，不可低于一小时，练拳如果随便弄个几下就停歇，那是没有作用的，就像烧开水，还没烧开就熄火一样，不能当茶饮。

你把气练腾然了，才能将气渗透敛入骨髓，形成极坚刚之内劲，这样太极拳的体才算成就。

太极拳为何要行逆呼吸？逆呼吸法，能够吸进大量的新鲜空气。胸式呼吸，在吸气时无法完全膨胀肺叶，吐气时也无法将废气完全排出。所以腹部呼吸是比较好的呼吸。也是人在婴儿时采用的呼吸。道家气功必须以逆转的方式运气，称作"逆转河车"，逆行小周天，这不在练拳的范围，故不予详叙。

太极拳在发劲时，必须将气凝聚下沉至丹田，此时一定得吐气，始能将气引入下沉丹田，所以太极拳之呼吸务必以逆呼吸运行。

练拳行呼吸，原则为：开为吸，合为呼；提起为吸，放下为呼；蓄劲为吸，发劲为呼；如果某个动作过长，中间可以加一个小呼吸，以资润饰接续，顺利完成呼吸。运功呼吸行气，宜在空气新鲜处，清凉处，安静处，光明处；不宜在空气混浊处，酷热闷纳处，喧闹处，秽暗处。不宜在医院、工厂、墓地、屠宰场等地练习。练拳运功，必须心地纯正，没有心机，不胡思打妄想，始得成就。

呼吸是生命的泉源。每个活人都会呼吸，但不一定懂得呼吸；懂得呼吸，生命才得以长寿，功夫才得以成就。

## 第二节 为何能呼吸就能灵活？

呼吸跟灵活究竟有何关系？这是太极拳初学者普遍的疑问。不知者都会认为，呼吸，只是鼻间的出入息，跟动作的灵活怎么会有关连呢？如果是一般人之纯粹呼吸，当然与灵活是无涉的，呼吸是鼻子的事，灵活是手脚的事，似乎是不会连结在一起的。

行功心解，是写给功夫成就者看的，你有练到那个水准，那个境地，自然知道它在说什么。"能呼吸，然后能灵活"。前面那个"能"字，是指会呼吸、懂得呼吸的意思，后面的"能"字，才是能够、可以的意思，整句的意思是说，你懂得呼吸的道理后，才能够有灵活的操作表现。

呼吸，大家都会，睡觉也能呼吸，昏迷也能呼吸，不能呼吸时就一命呜呼了，所以行功心解所谓的"呼吸"，不是一般生理上的呼吸，而是行功时的呼吸。那么，何谓"行功"？行功与一般的气功相同吗？答案是否定的，因为一般的气功，只能健身，不能因行功而练出功夫来。太极拳的行功内涵，全部在行功心解里面，读者须在老实练拳中去认真会心体悟，而不是在文字间去钻研捉摸，去钻牛角尖，否则一辈子也转不出来，被囿在死胡同之中。

行功心解云："以心行气，务令沉着，乃能收敛入骨。"开宗明义，已然点出行功之重点。以心行气，是以清净无染之心，来行功运气；若心不清净，成天想东想西，妄想一夕成名，不老实练拳，妄想快速成为武功高手，这样，永远没有办法以清净心行气；心不清净，气就染浊，气染浊，则虚浮飘渺，无法沉着；气不沉着，则不能收敛入骨，也就无法成就累积极坚刚的内劲。所以练功，首重内心之清净。

沉着，靠的是松柔，松柔而不着一丝拙力，气才能通顺无阻，然后透过运气，使气腾然，腾然后，气就会沉敛而深入潜藏于骨骼之内，与骨髓凝结相融，日积月累后就形成一种沉劲，成为一种量能。

极柔软，然后极坚刚。一般武术，总是否定这句话，也无从理会这句话的内涵，只有极少数练太极者，练形意、八卦内家拳者，稍能体会。极柔软是不着一丝拙力，不是松懈、懒散、轻忽。

很多练太极者，把极柔软误解为松懈、松散，成天跟人讲松、松、松，结果松了一辈子，到老还是一场空，没有练出极坚刚的内劲，真是令人惋惜，因为师父教错了，自己体会错了。

极柔软是指在不着拙力之中，须借着呼吸，借着以心行气的行气运功，将气借由松净、吞吐、鼓荡、折迭、转换、蕴蓄等等诀要，令气腾然，而转化、汇聚沉积成为实质能量，也就是极坚刚的内劲。

内劲功体成就后，透过推手之粘连黏随的听劲练习，使肌肤、神经触感产生灵敏反应作用，成为一种惯性作用，也就是所谓的懂劲阶段，此后，就能愈练愈精，默识揣摩，渐至从心所欲。到这个境界，你终能体会能呼吸的真正内涵。在体用并蓄之中，如何借由呼吸去运使内气，去蕴蓄、吞吐、鼓荡、折迭、转换，使这个气转化成的能量活络、爆发出来。这时，你才是真正会打太极拳的人，才堪称为太极拳的练家子。到这个地步，打起拳架，才有内容，才有拳味，才有真馅实料，不是空洞的松，不是空无一物的太极操，不是被人取笑的花拳绣腿。

推手实战的条件，涵盖着下盘桩功的成就、掤劲的成就、气的凝聚饱满成就，内劲的敛聚成就等等。这些成就之肇始，皆需借由呼吸的牵引、行运，始能致之。当功体成就时，当听劲、懂劲成就时，终能知晓为何"能呼吸，然后能灵活"之道理。

打拳，不外是外表肢体的活动以及内里气劲的蓄与放，内外相合，连结贯串。所以，在蓄劲与发劲的时候，虽然犹有鼻间的呼吸出入息，而实际大部分是内气的蕴蓄、吞吐、鼓荡、折迭、转换等等，此时鼻间的呼吸出入息，只是被依借而已，只是被衬托而已，只是处于配角的地位而已。

会运气的拳家，能凭靠丹田之气来蕴蓄、吞吐、鼓荡、折迭、转换，能借内呼吸行气而蓄劲与发劲。

气与劲，是靠意念驱动的，所谓意到、气到、劲到是也。意的牵引，是疾速的，是迅雷不及掩耳的。所以，真正会"呼吸"的练家子，真正会运气的拳家，无论收放，皆能由意念牵引，由意念牵动呼吸，导引内在的气劲同时蓄积或引爆，这就是从心所欲。

到从心所欲的境地，就是灵活的境地。这就是"能呼吸，然后能灵活"的真义。

说到灵活，就会牵涉到虚实的变化。虚实的变化，不局限于脚的比重虚实，因为"一处有一处之虚实"，因为"处处总此一虚实"，这不是绕口令，里头蕴藏很多道理。虚实，有脚的虚实，腰身的虚实，手的虚实等等，最重要的是气的虚实；气的转换，可以变化虚实，如对方按我，我气一松一沉转虚，走化来力，如对方一拳打过来，我不走不化，而是气一凝一聚转实，把来力掩盖过去奔放而出，这是气的虚实变化；气能随

第十九章　能呼吸，然后能灵活

心所欲的变化，则谓之灵活；气的变化，依靠的是丹田的蕴蓄、吞吐、鼓荡、折迭、转换，而丹田的所有运作，是离不开呼吸的配合，内外不能分开。

所以，"能呼吸"就是懂得练拳练功的方法，知道如何呼吸，如何运气，如何蓄劲，如何放劲，这些都能从心所欲了，始得谓之"能呼吸"，否则都还是不会呼吸；不会呼吸，就不能灵活，不能转变虚实，成为一个"挨打的架子"。

能呼吸，在打拳时，外表是平常的呼吸，身体里面的呼吸运为却是多采多姿，千变万化的，节奏是快慢相间，抑扬顿挫的，有时如行云流水，有时似万马奔腾，有时是风平浪静，有时则暗潮汹涌，有时是惊涛骇浪，石破天惊，有时是涟漪微微，余波荡漾，有时静如赤子，有时动如脱兔。呼吸有长有短，有快有慢，有深有浅，有大呼吸有小呼吸，有顺呼吸有逆呼吸，有折迭的呼吸，有蕴藉能量的呼吸，有蓄放的吞吐转折，配合着腰胯肢体的连动，构成一副精采绝伦，赋有生命灵气的武术动画。

太极拳的呼吸，虽然要求细长慢匀等等，但绝不是死气沉沉的，绝不是呆滞平淡的，绝不是一成不变的。太极拳，不是一幅平版画，而是一幅充满生命朝气的动画，随着时间与空间的变换转移，而有不同的生命呈现。

一呼一吸，一吞一吐，一蓄一放，一虚一实，一阴一阳，一柔一刚，一松一凝等等，都是气的神妙转换变化，转换不灵则滞，转换得灵则活；手脚肢体的虚实变化，有时间与空间的条件，有"双重"的问题，也会局限于"一处有一处之虚实"的框框里，是属于有形的；气，是内在的暗劲，暗藏在内，看不见，属于无形的；有形的肢体，需要肌肉、神经、骨骼等去牵动，时间空间都会受到阻碍，无形的内部之气，乃由意念驱动，疾速而无碍，所以能灵活。

行功心解云："行气如九曲珠""运劲如百炼钢""静如山岳，动若江河""蓄劲如开弓，发劲如放箭""曲中求直，蓄而后发""往复须有折迭，进退须有转换"，这些都是在讲呼吸运气的，有了这些呼吸运气的配合运为，才能完成极柔软，然后极坚刚的功体，才能达到"能呼吸，然后能灵活"的境界，才能借由呼吸去掌握蓄劲与发劲的机势，也唯有借呼吸而灵活的转化虚实，达成"人不知我，我独知人"的灵敏高深境界。

太极阴阳诀云："太极阴阳少人修，吞吐开合问刚柔。正隅收放任君走，动静变化何须愁。"阴阳就是虚实变化，吞吐开合就是呼吸、运气；能呼吸运气，即能变化虚实；能变化虚实，即得灵活；能灵活，即能"正隅收放任君走，动静变化无须愁"。

# 第二十章　气以直养而无害

## 第一节　气在武术中的地位

气虽无形无色，但确实有其质量与能量。过去，科学仪器尚不能测出气之形质，因此，外国人把中国武术或中医所谓的气，视为无稽，外国人也无法体会气在武术及医疗上的作用及重要性，更无法把气运用到武术中，因此，他们的武术造诣仅止于肤浅的外力及速度的表现，不能登峰造极。

如今，科技进步，仪器已能测出气之形质，然而外国人还是无法领悟气之妙用，所以说老外虽然科学发达，但是智慧是不及我们的。

气，是一种体积小，威力大的东西，气的作用是非常广泛的。在物理上，气为物体三态之一，与固体、液体不同；其分子极易流动，互相冲突，充塞于天地之间。车子靠四枚有气的轮胎可乘载千万斤的重量，当气消泄了，车子将动弹不得；蒸汽火车没有蒸汽就开动不了，飞机没有喷气飞不上天；一颗原子弹就能灭掉一个城市，原子弹无非是气之能量的组合；一切生物如果没有气将面临死亡，没有气，宇宙万物，山河大地，亦将坏灭。

人依气而生存，气壮神足，即得健康长寿。武术家以气壮而长功夫。气靠养，而足而壮。丹田气海是储存气的地方，须储存多量的气，才能以致用，就如一个水库，须储存大量的水，才可以发电，道理是相同的。

如何养气？令气足而壮？时时保持正念，去除贪、嗔、痴，少欲知足，安贫乐道，心中常清净，没有妄想执着，就能吸取天地正气而养之。这是指心性方面的。在体的方面，要时时刻刻，将气沉守在丹田，用意念守着，用精神守着，使气不放逸，不向外奔泄。练功时，气宜鼓荡，神宜内敛，以心行气，以气运身。以气鼓荡横膈膜，使之上下鼓动，使内脏得到运动与温养，这就叫内壮法，也称之为内脏运动法。

太极拳之呼吸，以腹式呼吸为原则；腹式呼吸以逆式呼吸为原则。逆式呼吸是吸气时，丹田微缩，将气引导至背脊，呼气时，将气向下引导至丹田，形成气沉丹田。

太极拳在发劲时，气凝聚于丹田，等同气沉丹田，所以练武术，之所以要练逆式呼吸之道理，就在于此。

## 第二节 养 气

气，在武术中占着极为重要的地位，练太极拳，如果缺少了气的运为，那一定是一个太极拳的门外汉，只能说是练练体操而已。每一个有情众生都是靠气而活命，没有了气，断了气，或咽下最后一口气，生命即告结束。武术家、练气士、气功师，都注重气的调养，也唯有智者才会重视气，外国人你跟他说气，他只知道空气，说到内气或内劲，他就"莫宰样"。练硬拳的人士比较崇尚外力，喜爱重力训练，练肌力、肌耐力、爆发力，说到气，有些能接受，有的则是嗤之以鼻，不肖与你谈，或者与你争论不休，没完没了，总是认为自己的才是正确的。遇到这种情形，在辩证之后只得保持缄默，否则就变成一场永无休止的笔战，一场永无结果的争论，因为不同的见解，不同的系统，不同的练法，永远没有殊途同归，永远不会有交集，也永远没有一个结果。

气，我们的肉眼虽然看不见，但是可以感觉得出来，你手掌用力一挥，就会带出一股风来，这是外在的空气；外面的空气，吸入我们体内就有生理机制产生，有物理变化。气，可以活络细胞，强化血液循环，增进新陈代谢。新陈代谢退化就是老化现象，也是气机的退化现象，当气息奄奄时，也是生命即将结束之时。

气，可以透过意念的驱使来导引它，来牵动它，来带领它，来鼓荡它，使气机活泼、活化、活络而生生不息，使我们的生命力更强壮，让我们更充满自信，令生活更充满无穷的希望与愿景。

拳论常说道："意到，气到，劲到"，可见气是可以导引、牵动、带领、鼓荡的，气是一种实质的量能，非是空无、空洞、虚幻的东西。

聚集气的地方称之为丹田，因为它是练丹的一块田地，你只要好好地耕耘它、照顾它，这块田地就会肥沃、茁壮、成长。丹田，又称为气海，像大海一般能容纳百川而不溢损；气，聚集再多，在丹田处会形成一个厚厚的气囊，就像皮球一样充满着饱饱的气，累积再多也不会有啤酒肚出现，只像一个小圆球，充满弹性，充满生机。

气，是可以储存的，是可以积蓄的，透过养气，就可以储存积蓄正气。孟子曰："吾善养吾浩然正气。"又曰："气，以直养而无害。"前贤练过气，养过气，才有这些名言遗留下来，供我们后代的人做借鉴。气，既然是一种实质的量能，既然不是空无、空洞、虚幻的东西,它就可以透过训练而被储存、积蓄,而被导引、牵动、带领、鼓荡,这是合乎逻辑的,也是可能实证的,透过修炼,透过修行,你就能渐渐能掌握气机,将气运行于我们的意念之中。

气,是会浮动的,是会涣散的,也是会消失的,你如果没有好好地照顾它,没有好好地守护它,它就会消散,不能凝聚,没有了气,生命的气机就会退减而不能延年益寿;练武术,缺乏气,徒有蛮力,也是一个空架子,不能培养出实质的内劲,在实际应用时,在实战对打中,因为缺乏气的关系,当蛮拙之力使尽时,就会气喘吁吁,无法再有战斗力,最后只有挨打的份儿。

气,是可以被守护的,是可以被照顾的,你只要好好地守护着它,它就不会乱跑,你只要好好地照顾着它,它就不会消散。太极拳谚云"意守丹田",意思就是把气守在丹田之处,用意念,用心思,把气守护在丹田。拳论云"气沉丹田",气要如何沉至丹田,靠的就是一个"松"字,松了,气自然会慢慢下沉,一用拙力,气就虚浮。

练气首要就是要松,松才能沉,沉了,才能凝聚,凝聚了以后,就是守着,不要让它跑掉。气,是靠意念来系守,守着气,照顾着气,好像照顾一个小孩,不能让小孩丢失,所以就得专心一意地,凝神安静地,恭恭敬敬地守护着它,把气当作宝贝似的看顾,这样它就会乖乖地安住在神殿丹田中,不即不离,永远与你同在。

我们的心像猿猴,总是跳荡不停,我们的意念像奔驰的马,很难安歇,财、色、名、食、睡五欲总是让我们的心静不下来,为名为利,总是用尽心机,终而使我们的气浑浊浮乱,越会用心计较的人,气永远不能凝聚,气不停地虚耗,如果得到名利而不停地虚耗正气,生命也不会长久,身体也不会健康，在得失之间，在细心的衡量之后，智者当会有所取舍。

用水发电，前提就是水库必须储备足够的水量。武术，靠的就是气壮神凝，凝聚了足够的气，你才能气运周身，才能气敛入骨，才能产生内劲，作为实战的基本能量。

有一首流行歌叫《守着阳光守着你》，阳光如何守护？情人如何宝贝？守着情人是靠忆念，是用心去思维，用心去想念，而至与情人的心互相感应，就称之为心心相印，心心就会相通，因为想念、忆念的关系，两人的心就会贴在一起，而有"心有灵犀一点通"之感应。

气，是很珍贵的宝物，需要你用心去保护它，去照顾它，去滋养它，使它不会丢失，使它茁壮，使它生根，使它开花结果。气，就是呼吸、吐纳，透过鼻腔吸入外在的空气，在体内产生物理变化机制，以及精、血、神的巧妙运作，而产生内气，再透过腹部呼吸、逆呼吸，加强心肺功能以及意念的导引、驱使，就有气的运为，又透过松柔的修炼，使气能沉着而敛入骨髓，形成极坚刚的内劲。在行住坐卧当中，时时刻刻守护着你的气，令气安住于神殿丹田之中，时时刻刻都要培养正气，这样，你练武才会有所成就。

还有练气、练武，最忌烟酒，有抽烟喝酒的人，如果想要功夫能有成就，戒掉烟酒是必要的。有一个典故说与大家参考，猴鹤双拳武术家陈某某老师傅，年轻时，有一次打完拳时抽了一根烟，刚好一位老人家走过，顺口说了一句话："练武的人，不要抽烟。"话虽轻描淡写，但是陈某某老师傅这位心直的人，听了进去，即刻戒了烟，这是何等大丈夫的气魄，当下决断，毫无犹疑，如是性情中人，功夫的成就，不是没有原因道理的。这是我们的借镜，我们的榜样，智者能取人所长，补已所短。

## 第三节　气以直养而无害

气以直养而无害，此语出自《孟子·公孙丑》篇。孟子曰："我善养吾浩然之气。其为气也，至大至刚，以直养而无害，则塞于天地之闲。其为气也，配义与道；无是，馁也。"意思是说我善于培养我的浩然之气，这个浩然之气，最盛大，最刚强，靠正直去培养它而不伤害它，就会充塞天地之间。这一种正气，要和义与道互相配合；没有义与道配合，它就会萎缩。

太极拳是一种武术，以养气为根本，以着熟为功夫，以入道为目标，不是一般武术所可比拟的。

太极拳，以心为主，以气为从，以养为功。练太极拳不能不练气，不练气则不能致柔，不能致柔，则不能达成极柔软，然后极坚刚的太极内劲功夫。练气成就后，靠的是养，直养而无害。

孟子养气的步骤有四：第一是养勇，第二是持志，第三是集义，第四是寡欲。

孟子认为养气是要配合义与道的，无道与义，则不能善养浩然之正气。所以平时做事，必须依理而行，合于道与义，自然能培养浩然之正气，直养而无害。

修炼太极拳，不止于练气、运气、蕴养内劲这些有为法，还得兼具修集道义与正气这些无为法，才能使功夫更臻完善的上乘境界。

# 第二十一章　劲以曲蓄而有余

气经直养、凝聚、收敛汇集成内劲，这个内劲是曲蓄而有余的。曲蓄而有余，意思是说内劲是有弹性的，可伸可缩，可蓄可放，在发劲放劲后，它还有储备蓄存的动力，源源不绝，可以用之不尽，所以谓之曲蓄而有余。劲的曲蓄有余，是靠气的直养累积而敛入，这都得靠练气而成就。

劲，是气的聚敛、累成，是一种量能，无形无色。劲，因为是无形的体，所以，它的曲蓄是由全身关节的屈伸、折迭、打桩，这是外表有形的曲蓄；另外，它的曲蓄是由丹田之气的弹性缩张、鼓荡，是由丹田的吸纳与吞蕴所产生的张力与反弹，这是内里无形的曲蓄。

桩，也有曲蓄。有形的曲蓄，必须由身、腰、胯、膝、踝等的往复屈伸，这是低层次的桩之曲蓄，高手的桩之曲蓄，看不到身躯的微动，只是神一凝，气一敛，已然蓄放完成。

外表的肘曲蓄则力富，膝曲蓄则弹力佳，腕曲蓄则力贯掌心，腰胯曲蓄则气沉丹田而有苍龙抖甲的弹速；内部筋的束结、拧裹，这是曲蓄，这是开弓；而后疾速地弹射而出，这是放箭，是筋的拉拔、撑开所呈现的张力，弓已在弦，蓄势满弓，成为必发之势。筋的屈伸、折迭、拔撑、拧裹，是气在暗助神力，是运劲之后的百炼成钢，所以，刚中有柔劲，柔中有刚劲，刚柔并蓄，无坚不摧。

拙力，是呆滞而蛮硬的，力量发出去，就出去了，第一颗子弹射出去，必须再装填第二颗子弹，才能再发射。太极拳的发劲是曲蓄而放的，是一个"回力球"，只一个球，去了又回，回了又去，往复无穷，靠的是气的折迭劲，靠的是丹田气的曲蓄吞运弹抖。

丹田如大海可以蓄纳百川之水而不溢满，丹田之气也是满而不溢，故能有"蓄而有余"之功，而且靠着蓄蕴、折迭、屈伸，使得内劲更 Q、更韧、更脆，如鞭之击物，去而复返，来去无端。

# 第二十二章　心为令，气为旗，腰为纛

这一句是一种形容语。心，是君王的命令，将士是唯令是从；气是行军打战时举在仗阵最前面的旗帜，这掌旗的人是代表这支队伍的，也是代表队伍中的将帅，是队伍中人心的归依象征，所以这个旗是不能倒下的，旗倒了，士气就溃散了，仗也会被打败的；纛是军营驻扎中的大旗，就如一个商品物件的标头、商标，让人一眼瞧见，就知道这是什么东西，是什么品牌。

行功心解说到心、气、腰的地方都有很多的反复论述，因为这是太极的核心，太极的主宰重点，如能掌握重点，则离太极功夫不远矣！

心，是主人翁，如果主人翁不在宅舍，这个房屋就是没有主人，没人做主，变成只是一座空洞的宅体，这个屋舍就缺少了灵动之气。

气，是太极拳在行运中的动力，若缺少了这个气，也将变成一个没有灵魂的空壳子，演练起来，也像行尸走肉，僵尸跳舞而已，这不是太极拳。没有气的行运，聚不成内劲，没有内劲则不能致用，太极拳将沦为体操式的健身运动，非武术之内涵。

腰，是气行运的主宰；腰，是丹田气的拧动，圆弧折迭，是牵动往来使气贴背的枢纽主宰，没有腰的牵动往来，气难贴于背，难以敛入脊骨，发劲则不能"力由脊发"。

这一章的重点，在提示心、气、腰三者的主从关系，不能喧宾夺主，要三者兼顾，不可偏失一方。

心、气、腰三者的交互关系，以心行气，必须用到心，没有心，意念就带不上来，气也导引不出来，以气运身，须要腰来带动，没有腰的牵动往来，往复折迭，气难敛入脊骨。

# 第二十三章　先求开展，后求紧凑，乃可臻于缜密矣

## 第一节　开　展

开展，是开阔展放，不只是身形的开展阔放，还有心、意以及气、劲的开展阔放。

身形的开展，筋要放长，要松开、拉开、撑开、拧开，使筋在屈伸折迭之中，磨炼出韧而Q的弹性，而能在往后的致用上，发劲能收放自如，随心所欲。

心意的开展，是指心胸要豪迈开拓，要有大丈夫的气概，要有坚强的意志力，坚苦卓绝，走长远的路，坚定拳练一生的理念。心意如果结滞而不拓展，消极等，练拳不会有成就。

气劲的开展，行功运气，气宜深长慢匀，不可有喘相、风相、滞相，气要细而顺，息息归于丹田。运劲要如抽丝，长而不断，绵绵不绝。

开展大部份是指拳架而言，是指练体、练功架而言。练体、练架子，先求开展，全身放松，手臂宜伸长，屈中有直，筋在微屈当中，要保持松开、拉开、撑开、拧开的状态，使气血通透，循环加速，气感增强，将意念意识融入拳架动作之中。

开展要配合节奏的慢匀与协调，还有阻力的营造，才能把气劲运使出来，若没有把阻力营造出来，若没有把气劲运使出

来，那么，这个开展，也只是柔软体操的拉筋运动而已，成就不了太极功夫。

开展，不止是身形的伸展而已，不仅是筋的拉长而已，还有全身筋、骨、膜、韧带的拧转、撑持、裹钻、挤压，因有这些错综复杂的内涵机制，而使得内里的气，在身体架构的牵动往来及往复折迭当中，令气敛入脊骨，敛入全身筋脉之中。

## 第二节　紧　凑

紧凑，紧是紧促，凑是凑合。紧凑是节奏的律动加速与紧密，譬如，身体动作的加快与紧密，气的流动加快与紧密，劲的发放加快与紧密。

紧凑是时间与空间的紧缩凑合，时间是"机"，空间是"势"，机势的紧密凑合，就是"得机得势"，所以，得到机势，恰用机势，谓之"紧凑"。紧凑大部分是指用法，譬如，发劲攻击，接劲防卫，这二者，如果动作不紧凑，如果气的鼓荡不紧凑，如果虚实的变化不紧凑，在攻与守之中就无法发挥最佳效果。在拳架之中也有紧凑的所在，虽说打拳架以慢匀为主，如行云流水一般，然而流水也有湍急的时候，行云有时也有风起云涌的时候，所以说拳法无定法，拳法不是一成不变的死法，在开展之中也有快速地开合、起落与气的疾行转折，也因有虚实的临时莫测变化，而有刹那的紧凑配合机制。所以，虽说"先求开展，后求紧凑"，这是指练拳的程序次第，等到功夫有成之时，开展与紧凑是相间的，是没有分离与割舍的，二者能予善用配合，才是会运使太极拳的行家。

紧凑与出拳踢脚动作的快速是不同的，因为这种拳脚动作的快，只是时间加速度的结合而已，这种快是只要经过练习就可以的，这种快是王宗岳老前辈所谓的"非关学力而有为"的功夫，是王宗岳老前辈所说的"斯技旁门"。在下一节当中，会将王宗岳老前辈所说的"非关学力而有为"及"斯技旁门"，作一专篇论述，这两篇论述虽与本章的开展与紧凑没有直接关联，但却有密切的关系，读者阅读之后，对于经论的理解与贯通，是有所助益的。

王宗岳老前辈说："察四两拨千斤之句，显非力胜；观耄耋能御众之形，快何能焉！"

四两拨千斤这句话的意义，是以巧劲走化，化打合一而取胜，不是以蛮力取胜；我们看看那些七八十岁的有功夫的太极拳老前辈们，他们能在年老体力薄弱的情况而能抵御众多的彪形大汉，都是因为练就了内劲及借力打力的懂劲技击功夫，不是因为一般所谓的快而能致之的，因为年老了，那先天的快的动作是会减缓的，之所以能制胜的原因，完全在于听劲、懂劲、走化、浑厚的内劲，以及气劲的运使能够紧凑的关系。接下来我们先来探讨"快何能焉"的真正意思。

## 第三节　快与紧凑之别

一般人对于拳术都有一种直接的概念，以为出拳快速就是制胜的条件，只有王宗岳先生能说出"快何能焉"的超卓之语，他认为快不是制胜的唯一原因，因为快只是拳先到达，但到达不一定是发中打中，在时间虽然争取到得机点，但这拳的劲道到达时是会有所变化的，它有时会被消解，会被化掉，它有时在空间上会失势，所以二者的拳同时到达时，是得势的人取得先机，虽然在时间上他好像慢了一些，但在拳劲到位时，却能后发先到地命中对手，使之奔跌出去，这是太极拳的奥妙之处，是一种难思难议的境界，是凡俗所无法理解的。

如果快是制胜的唯一原因，那么王宗岳先生就不会说："耄耋能御众之形，快何能焉"，因为七八十岁的老者，全是凭借四两拨千斤，借力使力，连消带打，化打合一，听劲懂劲的高深功力以及紧凑的功力才能后发先到，而不是以蛮力取胜，老人何来蛮力，力是会随着年龄的老化而退减，但内劲的成就是不容易退失的。

外形的快，并不是真正的功夫，是非关学力而有为的，凡夫也可以练就的，只要肯每天挥拳练习，就能达到快速的出拳，所以王宗岳先生才说："有力打无力，手慢让手快，是皆先天自然之能，非关学力而有为也。"他说手快有力是先天自然之事，没有关系到应用心智去领悟参学而对内劲及懂劲、化劲等功夫而有所成就的。

常听人说："天下武功，唯快不破。"意思是说不论什么武功都有破着，只有快没有人能破它，也就是说，只有快是没有破招的，崇尚快是最好的招法。

这种说法也对，也不对。如果是距离加速度的快，就是王宗岳先生所说的："快何能焉！"蛮力的快，遇到太极高手，还是有破，非不破，何以故？因为如上所说，在空间上，蛮力的快，会被消解，会被化劲所消，而且会被连消回打，而反处于败势。所以这里说"唯快不破"不一定是对的。

能出手慢而快到位，能以静制动，能"彼不动，己不动；彼微动，己先动"，这才是真正的快，才是真正名符其实"唯快不破"。

真正的唯快，是能意到气随，气随而劲发，意气劲都能密合紧凑，连绵贯串，完整一气，这个连贯而紧凑密合的整劲，才是真正的唯快。

## 第四节　非关学力而有为

　　王宗岳先生的太极拳论云："斯技旁门甚多，虽势有区别，概不外乎壮欺弱，慢让快耳。有力打无力，手慢让手快，是皆先天自然之能，非关学力而有为也。"先来依文解义，翻成白话文。王宗岳老前辈说："那些旁门左道的搏技功夫非常的多，虽然他们拳架势法各有差异区别，但大致上不外乎强壮的欺负弱小的，手脚动作慢的输给了动作快的。这些有力气的打败无力气的以及手脚慢的输给手脚快的，都是先天自然的可能之事，没有关系到因为致力去学习真正的武功而有所成就作为的啊。"

　　学力而有为，有人依文解义而会错意，误会为因学习力量而有所成就作为，真是失之毫厘，差以千里，误会大矣。文言文有时文法是前后倒置的，就像英文的倒装句。学力不是学习力量；白话应该译成力学，也就是努力以赴，用功学习的意思。学力而有为的意思，就是一门功夫，不是那么简单就能成就的，它得费很长的时间去修炼，去苦其心志，劳其筋骨，运用智慧去悟，认真老实地去练、去参，还要有坚忍不拔的毅力、精神、忍耐、安住，最后始克有成。

　　学力而有为的功夫，概指形意、八卦、太极等内家拳及练法等同于内家的练气、练内劲的体系功夫。这些功夫，非得十年八年不能成就，如果没有宿慧及用心苦练，莫说八年、十年，到了老年，仍就是凡夫一个。

　　太极拳为何难以成就，因为，气与劲这些东西，很难体会理解，而且须靠时间去慢慢累积功力，如果不能持之以恒，没有坚刚的恒心、忍力，是难以成就的。而且一般凡夫总想求速成，想一夕成名，往往没有耐性去磨炼。那么，非关学力而有为的功夫有哪些？斯技旁门左道很多，譬如：练蛮力，举重、扶地挺身及其他重力练习，或打沙包、击棍破砖等等，或练习跑步、交互蹲跳、练肌力、耐力之属。为何说这些功夫非关学力而有为？因为这些根本不是功夫，任何凡夫俗子都学得来，并无稀奇可贵微妙之处，只要肯去硬干蛮干，任谁都可练得一身蛮力。所以王宗岳老前辈很早就认定这些旁门左道的"斯技"是非关学力而有为的，而且斯技甚多，不胜枚举，是会令人眼花缭乱的。

如果不是学力而有为，那么，瘦弱者、耄耋者，将要如何御众？如何自我防卫？如果不是学力而有为，瘦弱者、耄耋者就不用修炼功夫了，遇到不平的事，只能任人欺凌宰割了。如果不是学力而有为，太极拳将无法永续留传下去，大家只要练练力或依恃蛮力而欺人就好了，那么，太极拳术很快就会失传灭之。

还好，因为太极拳可以因学力而有为，所以，文人雅士，老弱妇孺得以因修炼太极拳而强壮身体，成就内劲，而增进自信及胆识与气势，达到自我防卫效果。学力而有为，才是真功夫。太极拳若不是经过学习，努力用心去老实参修，是很难有所作为的，是无法成就功夫的，所以因学力而有为所成就的功夫，才是值得珍惜的。

## 第五节　斯技旁门

"斯技"翻成白话，就是"那些技艺"，或说"那些伎俩"，说粗俗一点就是"那些玩意儿"。王宗岳先生说："斯技旁门甚多，虽势有区别，概不外乎壮欺弱，慢让快耳！有力打无

第二十三章　先求开展，后求紧凑，乃可臻于缜密矣

力，手慢让手快，是皆先天自然之能，非关学力而有为也。"王宗岳先生把这些属于先天自然之能的伎俩，归类为旁门左道或非关学力而有为。

懂得文言文，懂得太极拳者，知道这在说什么。王宗岳老前辈把壮欺弱、慢让快、有力打无力，手慢让手快这些先天自然之流的练武者，说为"斯技旁门"，虽无贬抑之意，却让真正的练家子觉得那些斯技，实非真正入流的武功。

为何如是说呢？因为这些"甚多的斯技旁门"，是"非关学力而有为"的武艺。只要花些时间练练，短期内就会有成就。但这些成就，是非关学力而有为的。

"学力"应该读成"力学"，也就是努力学习，用心学习，苦心孤诣地钻研的意思，要花极长的时间，运用心志、毅力与智慧去成就这个极其不易成就的功夫。

为何说"十年太极不出门"？因为太极拳，不易成就，如果不是苦心孤诣，戮力修炼，莫说十年，到了老年，还是泛泛之流。如果练错了方法，虽然练的是太极，还是免不了要被归类于斯技旁门。譬如说，现在的斗牛式推手，如果王宗岳先生是生在这个年代，免不了要摇头叹息了，也免不了要把这些"玩意儿"归类为斯技旁门了。

现在的推手，极多数是土法炼钢的，初学就要求蹲低练脚力，练手的蛮力，然后两人互相斗力，斗久了，也懂得一些反应技巧，然后去参加比赛，靠着体力、耐力及满身的蛮力，做困兽之斗，斗个冠军回来，就不可一世，眼睛长在头上，一副天下无敌的嘴脸，殊不知这个冠军还是要被归纳于"斯技旁门"的，真是可悲可叹。

还有现在的太极，有一种是刚烈的发劲打法，不是震脚，就是捣锥，打得气喘吁吁，脸色发青，不只失去了健康效益，对于内劲的养成，也无所帮助。为何如是说呢？因为这些打法，是内劲成就的人在练的，很多初学者一上门就练这些发劲的打法，往往弄巧成拙，练成一身蛮力，有时外形看起来还有一点模样，真正叫他发劲，一点也使不上来。

另一种是手指不停地抖动，看起来就有些装模作样。真正的抖劲哪是这个模样，只能欺骗那些不识者罢了。这些人虽然练的是太极，还是要把它归纳于斯技旁门，因为练的时机方法不对，内涵不对。

王宗岳先生所说的斯技旁门并非专指太极以外的其他武术，而是泛指那些以练拙力、练快速度而取胜的武技，是指那些靠着蛮力，靠着土法炼钢式的以种种旁门左道的伎俩去练就骨头坚硬，能劈砖、破墙之属；靠着不断的挥拳练速度而取胜之流。

真正的功夫，不是以有力打无力，不是以壮欺弱，不是以手快胜手慢；而是以小制大，以无力打有力，以柔克刚，以老而能御众。

王宗岳老前辈又说："四两拨千斤，显非力胜；耄耋能御众之形，快何能焉！"所以，力量不是完全制胜的因素，快速也不是取胜的原因。制胜的条件取决于体用兼备，刚柔并济与虚实变化，牵涉到内劲的成就，听劲、懂劲的成就等等。

斯技旁门并不是以拳种、系统来分类。很多练硬拳的，练到某个程度，对武术有更深层的体悟，也能把他所练的拳种招式，转入敛气成劲的练法，终也能达于宗岳先生所谓的"学力而有为"的上乘功夫。所以斯技旁门并非以所练的拳种而归类，而是以所练的方法、方式来界定。譬如：打沙包、举重、练肌力之属，例如，某些拳法是特别要练四肢的坚硬如铁，用自己的手臂、小腿去打击钢硬物体，然后借着药洗之类来涂

第二十三章　先求开展，后求紧凑，乃可臻于缜密矣

抹，如此反复，终把手脚练的如石头、如铁一般坚硬，以为这就是功夫，殊不知，他把宝贝的神经练死了，把可以使听劲练就灵敏的神经感应破坏了，虽然挥拳出脚尚能使力、使快，但那自然的神经反射作用变呆滞了，听劲的变化作用变拙劣了，而却犹自为那坚硬如石、如铁的手脚而沾沾自喜。

见招拆招的练法，也要被归类于斯技旁门，也是土法，是愚夫之法。上乘功夫，是神龙见首不见尾，是拳打不知，是化劲人不觉，是发劲人不知，是拳无拳，意无意，是技到无心始称奇，哪还有招法、式法，光一个十三式就让你练之不尽，就够你捉摸好几年。然而，当你领悟到了拳理，明白了道理而且能够老实练拳，坚忍卓绝，坚毅不拔，自然有一天水到渠成，很多东西会源源不绝地自己生出，没有刻意去追求，功夫自然而然地生出。

当水汇聚圆满，就会成为一个水库；当丹田气满就会形成一个坚韧的气囊；当气沉敛入骨，就会累积成劲；当下盘桩功成就，就能稳固如山；当手之掤劲成就，就可似海水能吞纳万吨巨舰；当那灵敏的听劲成就，就能瞬间反射回打；当化劲成就，就能将顽拙之力虚化于无形；当接劲功夫成就，就能接而反弹。此时，功夫成就，这时的你已然跳脱斯技旁门之名。

## 第六节　先求开展后求紧凑

一般观念认为，开展是拳架开放扩展之大架，或谓之大圈；紧凑，为动作紧缩快速之小架，或谓之小圈，故有所谓的快太极、大小架太极等等，将太极拳扭曲变形。笔者以为，开展是体，紧凑为用；开展乃体架豪迈，气势雄伟，筋脉暗张，气血顺遂，安舒沉着。紧凑则是缓急适当，绵密相接，折迭互随,化打一气,自然反应,随心所欲。

先求开展,系架势扎根落实,即拳架功体也。后求紧凑,乃用法灵活利落,即推手散打发劲也。

开展,是筋骨松开,大开大合,各部畅通,节节贯串。透过大开大合的锻炼阶段,做到丹田之气带动全身,外开内紧、外方内圆,周身照应。

紧凑不是动作求快,乃是由开展后筋脉及气劲经百炼后而形成的坚韧弹性,能收放自如之意。练拳须先练体,先求大的开合,扩展的折迭,伸张的拧裹,聚气成劲,百炼成钢。体成就尔后,身随意动,劲随气发,此时,丹田之气,折迭弹簧之劲,自然水到渠成,紧凑功夫自然而成,无须刻意去求快,去练距离加速度的快,不必去练斯技旁门的快,此快非真,此快又何能焉?此快乃非关学力而有为的伎俩,不是太极拳所说的紧凑。

## 第七节　臻于缜密

臻,是达到的意思;缜密,是精微细密之意。乃可臻于缜密矣,意思是说,如果能够先做到开展,之后又做到了紧凑,那么,功夫就可达到精微细密的境地。

缜密就是精巧妙密,没有瑕疵,没有缺陷,没有凹凸,没有断续。譬如,发劲能完整一气,冷脆疾速,不拖泥带水,是为缜密;运架行功能顺遂圆活,连绵贯串,鼓荡折迭,连成一气,是为缜密。缜密的前奏是开展与紧凑,没有开展就没有紧凑,没有紧凑则难可臻于缜密之境界。

# 第二十四章　先在心，后在身

## 第一节　心在身先

　　心，在行功心解里面，说到心的地方有五处，分别是：以心行气、便利从心、心为令、先在心、刻刻在心等。为什么如是强调这个心字，因为心，就好像一栋屋子的主人，这个房屋如果没有主人，即变成空屋，空壳子。

　　太极拳如果没有了这个心，也将变成空架子，因为没有心，就不能以心行气，不能以气运身，没有透过气的行运，则气不能收敛入骨，聚成内劲；没有心与气的太极，永远都是空架子，永远只是柔软体操的运动，永远无法成就太极甚深的内劲功夫。行功心解里头就有一个心字，已然明显点出太极的行功运气，是以心为主宰来解析太极行功的要领。

　　心在身先，先有心，后有身；先在心，后在身；心是主，身是从；心是主人，身是随从，没有主人，何来随从？心生，种种法生。若没有心之存在，则种种法就无由生起。练太极拳，先要有心，心意坚定，有毅力，有决心，然后再锻炼身体，始克有成；若心意不坚，或随兴而练，或三天打鱼，两天晒网，是无法成就功夫的。

　　孟子曰："天将降大任于斯人也，必先苦其心志，劳其筋骨。"所以，心志一定要坚定，要能吃苦，要劳其筋骨而甘之如饴，把练拳当成一种磨炼，而且要磨炼出兴趣来。先在心，后在身，是说练拳要把心摆在最前面，要以心、意念、意识来带引身体，心身虽有先后，然而却是连动的，是不分离的。广义而言，是先苦其心志，后再劳其筋骨。练太极拳是苦其心志的锻炼，没有坚苦卓绝的毅力，是无法成就甚深的太极功夫的。所以，下一节要论述的是毅力与练拳的关系。

## 第二节　毅力与练拳

各种运动，很多人都是随兴而为的，身体及精神状况良好时，就多运动一些，精神不济懒散时，就懈怠一些。有些人是因为有病，勉强出来运动。所以运动对他们来说，好像可有可无，在生活中，不是挺重要的事，没有占到很重要的地位。

练拳的人，几乎也是如此，不同的是，缴了学费，没去练，感觉有些吃亏。有些练拳的人观念中认为缺几堂课，无关紧要，缺一两堂课不算啥，下次去补回来就好。通常人几乎都有惰性，以为缺一次，没有关系，岂知有一就有二，有二就有三，缺课就变成稀松平常的事，老师除了鼓励性的话之外，也不便说什么，一个道场的凝聚力就结集不起来，最后，吃亏的还是学生自己。

上课时间，老师会讲一些实际理论的东西，你缺一堂课，就会少听到一些，一次少一些，累积下来就会少很多；有时刚好讲到非常重要的部分，你没听到，损失是很大的，这与学费的损失是不能相比拟的。

太极拳的成就非易，千百人之中，难得一人有成就，没有坚忍不拔的毅力以及卓绝的斗志，无法成就太极拳功夫。为何如此说呢？因为：

第一，太极拳必须长期的累积功体，每日积蓄功力，所

139

以每天都要练拳，而且最少要练两个小时以上。一个学生，如果常常缺课，那么，他在自己的时间里，自我练习的几率也不会很大，也将会变成随兴而练之类型，所以，功夫绝对无法成就。

第二，老师要传授功夫给学生，当然也要看学生的学习态度，一个不认真老实练拳的学生，即使老师有心想要栽培，只怕也将因学生的懒散而力不从心，这并非老师想教不想教的问题，而是学生想学不想学的问题。

一位美国篮球健将，来台湾访问，记者问："你成功的因素？"答曰："坚持。"坚持，的确是成功的要素，做任何事情，都必坚持到底，坚持到成功的那一刻；练功夫，则是要永远的坚持，功夫成就以后，还要一直坚持下去，因为功夫是无止境的，如果停滞了，就无法再百尺竿头，更进一步。

很多练拳的人都是随兴而练，今天精神好就练练，今天时间比较充裕就练练，明天有事就休息，后天要去爬山，暂停。练拳总是练练停停，断断续续，能够坚持，持续不断者，寥寥无几。所以能真正成就功夫的人是非常稀有的。这是工业时代练武者的常情，也是通病。人们时间有限，应酬太多，还有无穷的欲望牵绊着，功利的追求，使功夫不能成就。

很多人对武术充满兴趣与遐想，但兴趣归兴趣，能够意志超拔，坚忍不退者甚少。心里对武术充满遐想，也是于事无补的，武术的锻炼贵在持之以恒，老实修炼，不是胡思乱想而能致之的。

有学生常常抱怨说他的功夫总是没有进步，问他："你一天练多少时间？"回曰："有时有练，有时没练。"三天打鱼，两天晒网，就不要抱怨功夫没有进展，因为自己努力不够。功夫的进步，如日进一纸，不觉其多，几年后就有厚厚一叠，此时才能感觉功夫有没有进步，功夫是靠累积而成的，功夫没有速成，也没有不劳而获；功夫不是靠遐想，而是靠实练，你得老老实实地练才有收获。

功夫的成就也不是依靠知识的丰富，与拳经理论的理解，知识归知识，理论也须依附于实练当中，如果整天与人空谈经论，辩论自解的认知，而不务实地去练拳，不老实地去修炼，到老来也是一场空，徒耗精神罢了！

功夫的可贵在于实练实证，你练过以后，有实际的体验与悟解，才能言之有物，空洞的理论令人一闻便知，自露馅于方家而不自知，真是可怜悯者。佛教五百罗汉结集经典，多闻第一的阿难尊者却不能参与，因为还没有实证的功夫。所以多闻与实证是有相当大的距离，知识丰富与实证无关，理论再多，若无实际体验，对于修炼终是没有补益的。

太极拳的修炼，内劲与气的养成，更需精进的、持之以恒的培养锻炼，要靠长期的储蓄累积，太极拳的功体，才能成就，若是贪着五欲，神气放逸，神不守舍，气不守丹田，没有深刻地领悟，没有老实地练拳，功夫是难得成就的。随兴练拳，将浪费宝贵的时间。

练拳就像登山一样。山，总是弯弯曲曲，起起伏伏，峰回路转，杂草顽石挡路；然而，山，也有花香鸟语，潺潺流水，苍翠林木，朝阳夕日，美不胜收。一山还有一山高，越过一层山峰，还得更上一层，行行重重，无数的峰峦等你去突破，等你去超越。你如果走走停停，何时到达山峰高顶？若是留恋野花奇草，看一样学一样，心不专一，寻寻觅觅，见异思迁，以为学多就是好，就会被这些路边的野花所牵绊，难以到达高峰。如果走一天停三天，想到达顶峰，根本就是做梦，不可能也！只是浪费了宝贵的光阴及耗费无谓的金钱而已。如果逗留在山下，成天研究山的路径，山的神秘，盲目的探究山的快捷方式，想缩短路程，一步登天，也是做白日梦。

登山，需要一个知道路径的向导，指引正确的方向，若是走错方向，把内劲练成蛮力，那就背道而驰，永远到不了目的地。那个向导是否是真正的明师，得须睁开慧眼去寻觅缘遇。

山的路径，不会是一片光明坦途，总有弯曲起伏之处，需要毅力、恒心去驾驭、克服。若是遇到顽石挡道，遇到瓶颈难以突围，而心灰意冷，黯然丧志，非是大丈夫。能够提起勇气，振奋精神，冲出难关，突破瓶颈，就是海阔天空，迎向光明。

一个高峰过后，还有另一个高峰等你去迈进，去超越；能够遇难而不退缩，逆流而上，冲破重重关卡，最高峰就在眼前，大成的日子在望。

练武的人，行行色色，千奇百怪。武术受功夫影片的影响，使很多人起了憧憬之心，梦想拥有绝世武功，幻想一日成名。殊不知，武术的成就非易，因为有毅力的人不多，有恒心的人太少，武痴已经难以觅得。

武痴不问什么是难，运用智慧直心地练下去，不管山路多么泥泞，还是一步一脚印的向上迈进，终于登上峰顶。当他往山下看，山路虽然迂回曲折，却是清楚明白，一目了然。真是"不识庐山真面目，只缘身在此山中"，你在山中钻来钻去，看不清楚路径的全貌，有时会误入歧路，让你多费路程，如有明师向导指引，不会走冤枉路；若不信向导，怀疑路径的正确性，不听指引，自以为是，就会错踏迷宫，永远在山内转来转去，找不到出路。

若是缘遇明师，不知宝贝，因循怠惰，不认真老实练拳，旷废时日，躐等以求，终无所成，到老犹空。仅以肺腑之言，提供给真正想要练功夫的人做参考。

## 第三节　后在身

身是指肢体百骸。练太极拳，心志建立之后，就要开始锻炼身体，将筋骨百炼成钢。人之身体架构错综复杂，在太极的修炼中常牵涉到的有筋、骨、神经等等。关于骨的部分在第一章中，已有略说，在下一章还会有所论述。此节我们只略述筋与神经在太极拳中的重要性。

### 一、筋

筋在骨节之外，肌肉之内，四肢百骸，都有筋联结全身，通行血脉，筋与骨合而能行能动，人之所以能活动，都是筋的作用。

人体中，以骨为主干，以脉为营，以筋为刚，以肉为墙，以皮肤坚而毛发长。

筋弛则病、筋挛刚瘦，筋縻则痿，筋弱则懈，筋缩则亡；筋壮则强，筋舒则长，筋劲则刚，筋和则康。所以要练筋以强化其体，练内以助其外。要让筋更强更壮，更舒展拉长，更有韧劲而富于弹性，那么如何才能达到呢？对于筋的锻炼，那就是伸筋拔骨，当筋被伸开的时候，骨节、骨缝间的距离拉大，里面的软组织增加使关节灵活而有力。各关节的伸张拉开，可使身上僵硬的部位放松，化僵为柔，身体的内部也会感觉到气血的流转。

体形上的伸拔筋骨之后，需要向内扩展，以内气运行，将筋舒放开展，起落开合，微微意动，根节一带，气机自然而达于梢节，时节一到自可豁然通透全身。筋之开展拔长，是掤劲的养成方法之一。

1. 掤劲意涵

掤是乘载之意，像海水能乘载千万顿的船只货物一般，它有浮动力，有载乘力，有承受力，有支撑力，有扩张力，这种力是活泼而有弹性的，不是顽固、坚硬、抗顶、笨拙之力。

当海水呈现静态时，是水波洵洵，温柔婉约，浪静风平；当风起云涌时，刹那卷起万重浪，则是海澜壮阔，浪涛汹涌，气势惊骇，横扫千军，无可遮拦。掤劲，有静有动，有阴有阳，有虚有实，可攻可守，可化可打，可黏可随，可听可觉，千变万化。御守城邑，冲锋陷阵，访察敌情，制敌机先，全凭掤劲之功。

2. 掤劲的修炼

心里作意微微起一个念，将手臂轻轻提起，不必很高，内里的筋要伸展拉拔开来，如此已经进入掤的状态中，此时内心宜静，气息微微，似有似无，身心放松，手臂更要松得好像要掉下来一般，在极松极静的情况下，手臂会有沉重的感觉，经久练之，会有气胀、气麻、气痒、气钻的感觉出现。持之以恒地锻炼，这股气愈沉，然后敛入臂骨，聚集储藏而成为手臂的内在暗劲，就称之为掤劲。

静态的锻炼，可用站桩来练习，以平马步练浑圆桩，或以四六步或三七步或独立步皆可；手势可用提手上势、野马分鬃、白鹤亮翅、退步胯虎都行。原则上，要把握心平气和，心宽体静，凝神屏气，气沉丹田，气贯于手。动态的锻炼，就是练基本功及拳架。打拳架，脚跟须扎下，立地盘踞，沉稳如山，虚实变化轻灵。以脚跟带领、拖曳身手，手只需轻轻提着，捧着，不着一丝拙力。脚跟为动力，腰胯领导，身手随行。当手被拖曳时，要有被周围空气微微阻碍的感觉，把空气拟想成水，水有阻力，空气亦有阻力，似在陆地行舟的模样。此时手臂因被动的关系，被脚跟及腰身拖曳带领的关系，里面的气血有膨胀偾张的觉受，如针筒管被压挤时，里面真空之不得宣泄，在推压时呈现的一股无形却可感受的阻压。

练基本功可做定步练习，如左右云手、采手、翻盖掌、按掌、穿掌等等。原则上只是脚跟不动如山，前后左右撑蹬要有二争力，手的捧势与打拳架相同。

手臂盘起，应将整只手的支撑点、着力点摆放在手臂之根节，也就是肩部，次为中节肘部，所以肩要沉，肘要坠，谓之沉肩坠肘，要摧筋伸骨。

推手练习，也可练就掤劲。在练推手时，手臂更需保持松柔，不可力顶。对方巨大的来力，要以海水松柔的承载力接入脚底，松中含有暗劲及弹劲，如此才能轻松走化，并将对方反弹而出。若是硬顶硬抗，则将变成斗牛蛮缠，非是太极。

对方之力，已加诸我身或搭于我手臂，但能以暗巧之乘载内劲去承接他，去化解他，使对方之攻击力，不再继续深入威胁于己，掌控裕如，并有能力施以反击，谓之掤。

不问对手之手法如何，不问对手出不出招，使不使力，而能随心所欲，而能粘连黏随，掌控自如，将对手玩控于股掌之间，如海水之载物，能载舟亦能覆舟。能不顶亦不丢，能被动亦能主动，能挫亦能勇，谓之掤劲。

## 二、身中的神经

人体是由许多不同的器官、系统所组成，每个器官、系统有它们不同的功能。但都能在神经系统的统一调节和控制之下，互相协调、制约，使之成为一个完整的统一体系。所以，神经系统可说是人体内的主导系统。

神经是一束神经纤维，其作用是在体内传送信息，神经是周围神经系统的组成部分，组成神经的每根轴突都由结缔组织包围，多根轴突形成一根神经，每根神经的周围也有结缔组织保护。

神经能对环境所发生的变动、刺激做出适当的反应，称为反射，这个反射作用不是由大脑意识所控制，所以称为自然反射，譬如四肢的反射，由脊髓控制，例如手遇到烧烫快速缩回，这种反射发生在瞬息之间，十分疾速，在日常生活中，是用来应付外界变化的紧急措施。

太极拳的推手锻炼，是一种反射作用的练习。太极推手牵连到发劲与听劲。

一般学武术的人，大都知道发劲是什么，但真正会发劲的人并不多，甚至把发劲当作是一种力量配合肢体动作与速度结合的一股连贯性的作用而已。至于听劲，练太极拳的人认识较深，因为有推手的关系。所谓听劲，并非用耳朵去听，而是用身体肌肤及神经触感，去感觉对手攻击来力的大小、方向及来龙去脉，以粘连黏随等方法，掌控对方使力的意图，而掌握先机，克敌制胜。

不会听劲，在推手时，就会以力取胜，以蛮力压制对方，故常有顶抗、搂抱、缠打等斗牛的现象发生，就像现在一般的太极推手比赛所常见的，也是被人所垢病与批判的。此种比赛所产生的冠军选手，不一定每个人都有真实功夫，在技击搏斗时，也无法以发劲的方式来作搏击，这是因为还没有真正练出内劲的关系。

听劲是一种神经觉受的反应，其实是每个人都天生具备赋有的，只是有灵敏与迟钝的差别，透过训练可以将潜能开发出来，但是要经过明师的口传心授与亲手喂劲。

喂劲,是一种极高度的技法,少有人懂,一般阿师,只能教一些粗鲁的招法,让学生去练,不免流于斗力的方向,这样的教法,对于内劲的培养与锻炼是会造成反效果的,所以修学者想要在太极拳有所突破与成就,是有相当程度的困难。

喂劲,并不是指老师有内劲,然后把本身之内劲传达灌输给学生,不是这样的,如果依文解义,那就相差十万八千里了。内劲只能靠自己去培养锻炼,储存聚集,本身内劲之体,先练就了,老师才能借由一些动作、势法、机制,把你已练就潜在的内劲开发引导出来,让你会用、会使,慢慢知道如何走化,如何发制于人,如何以静制动,如何抢先机,如何应用虚实,如何引敌入彀,如何欲擒故纵,如何放空城计,里面有很多技巧,岂是那些胡搅蛮斗的阿师所能理解。

至于发劲,先决条件就是你已把你的体练就了,所谓"体",包涵下盘根力的入地生根、手的掤劲及丹田的完整一气等等。发劲时,脚不能往上浮升,往上升,则根虚浮,发出的劲变成虚无飘渺,不能扎实,脚掌在发劲时,好比打地桩般,借那股震地的反弹力及丹田之气刹那爆发,借手之掤劲将爆破力送达目标,那是瞬息而达的,没有犹豫、思考,只是一个作意,内劲已随意念奔放而出。

听劲与发劲虽是两种不同的技法,却有关联性。你虽练就了内劲,也知道发劲的要领,但你的劲发到对手身上,是否能命中,是否能发生制敌的效果牵涉到很多的技巧,如时机的掌握,身势的控制,能不能得机得势,还要靠你的听劲感觉反应等多方面的配合,才能得心应手。听劲好,但是没有扎实的内劲,发劲变成空包弹,起不了作用;内劲好,但是听劲差,就像拥有满仓库的弹药,被锁着,不能拿出来用,或者胡乱扫射,不能命中目标。内劲是体,听劲是用,体用兼备,才是好功夫。

听劲，是神经觉受的自然反射作用，这个反射作用，不必经由大脑意识的传导，功夫精深的人，可由身体周围的气的氛围及气的流动之磁场，而感应瞬息万变的外界突发变异与势力，做出适当的应变与防卫。

# 第二十五章 腹松，气敛入骨

## 第一节 腹 松

腹松，如果依文解义，把它解释为腹部保持松柔，似乎显得太狭义了。其实，腹松，涵盖丹田之气的松放，又因丹田之气是释放于全身的，所以这个松是包含了周身各处的，是行气如九曲珠，无微不至的。

松，不止是肢节的松，肌肉的松，筋骨的松，神经的松而已，还涵盖气与劲的松。在走架行功运气之时，不能憋气努劲，这样反而会使气结滞而不顺遂，甚至有时运气不当还会造成内脏的伤害。

前面说过，松不是松懈，不是怠慢，不是空无一物，在心识与肢体的松柔之中，内里是摧筋转骨的，是暗潮汹涌的，是有二争力与阻力的，是多采多姿的。松，不是柔软体操，松，不是空洞的比手划脚，松，不是跳芭蕾，松，不是虚有其表，装模作样。腹松了，气就通透了，就凝聚了，就沉着了，经久，而气敛入骨。

## 第二节 气敛入骨

多数人是不相信气敛入骨的理论，尤其是西方人，然而西方某些医界人士，在实验后发现生物体受到微量电刺激后，有助于细胞再生能力，这与太极拳气敛入骨的理论是相合的。太极拳的行功运气，能使气产生电能，以科学理论而言，是有助于骨质量能的。

　　骨骼有造血功能，有贮存功能，有运动功能，这在第一章节中已有说明。血必须借由气的引助才能循环无碍；骨骼能贮存肉眼所看不到的气，这也是推之成理的，因为它有贮存功能。学练太极拳，透过松净、神舒、圆活顺遂等作用，使这个无形的气，产生不可思议的量能变化，使气产生腾然作用，腾然之后就会熏入于骨骼筋脉之中，这就是气敛入骨，也就是透过以心行气，务令沉着及太极拳种种的修炼方法，使气产生热能，也就是所谓的电能作用，进而收摄敛入于筋骨之内。

　　仅将郑子太极拳自修新法一书有关气敛入骨的论述，以白话转录以供读者参考：

　　"太极这个名称是来至于易经，并且也出现于医经及道藏里面，它们对于太极的论说非常广泛，它的作用是很宏大的。仲尼所说的'范围天地之化而不过'者，它的道理不会超出阴阳，它的气之变化不会超出五行，太极是我国文化与哲学之胚胎。如果舍弃阴阳五行而论说太极，就会成为无稽之谈。如果必定要舍弃阴阳五行，而探讨我国的哲学、医学及道学的话，就好像舍去四则及代数而与人家说算术，这样能合乎道理吗？

　　现在科学的进步，已经由电子而进入原子时代，请问是否能离开阴阳的作用呢？太极拳之所以合乎哲学与科学的原因无他，因为太极的立论是合乎哲理的，太极的立场也是合乎科学的，这都是可以透过各种实际的体用来验证的，何必要去争辩，然而太极拳的理论非常精湛，事实也是很奇特的，现在姑且来作一个浅显的说明，这也只是想分析其中道理的万分之一而已。

以太极的运动来说，所谓以心行气，以气运身，这些都是运而后动的。就好像电动车和汽船一般，是借由气的力量，运而后动，这和肢体及局部之运动，是大大不同的。又所谓"腹内松净"及"周身轻灵"，与"牵动四两拨千斤"这些，都是讲求不用力的。所谓不用力就是不承受人家的袭击力量，这个掌控权在于我，这是指体而言，是比较容易的。用四两拨千斤的技巧，这是用法，四两为何能够拨动千斤呢？这是掌控对手的重心，让他倾倒，然而虽然没有用四两力牵拨他，他也是会自己倾倒的。以这些情况来质问现在的运动家们，能够说它是合乎哲学还是科学啊！

又所谓"气敛入骨"，而能成为纯刚，无坚不摧，想进一步的解说，就很费言辞了。有一年春天，有一个姓曹的学者，他想研究太极拳而来向我学习，我告诉他气沉丹田这件事。姓曹的说："气沉丹田，有什么益处呢？"我说："气沉丹田虽然有益处，但比不上以心与气相守于丹田，更有利于身体。"姓曹的说："愿闻其详。"我说："人体的腹部积蓄水分最多，就好像天地间之有水一般。水之为害，大的就像洪水横流，小的就像决堤冲堰。在人身体如果生病，大的就像臌胀、黄疸、湿痹，小的就像痰饮、疮痍、疥癣及肺脾与肠胃之湿热熏蒸这些，不能一一列举。想要去除水所引生的毛病，最好就是运动。禹之治水，以疏睿利导为功，如果相比于自然的阳光蒸化水分，吸收阴翳，减少云雨，是来不及的。在人身而言如果能如此，则可说是有夺天之功了。然而以心与气相守于丹田，这种特效是什么？就是气沉丹田，就好像注入暖气在炉中，只可以祛除阴湿寒气的效果而已，若能与心相守而不离，就好像把火置于锅底，使锅中的水达到滚烫沸腾，这样就可以渐渐地化为水蒸气，不只对身体没有危害，且有利于血液之循环，它的

第二十五章　腹松，气敛入骨

功用就非常大了。"姓曹的说："说得太好了！我一直以为哲学就是哲学，现在已经知道哲学就是未来的科学。"我说："然而还有比这个更深进的。气敛入骨能够成为纯刚就是透过气由丹田循着尾闾而上透达脊骨。"姓曹的听了觉得很好奇，就去他们的西方国家找医学人士询问，医学人士告诉他说："气沉丹田有相近似的，近年有西医师做人体解剖，发现腹部肠与肠相连之网膜中，有一个好像皮囊的东西，唯独运动家的皮囊比一般人厚，用拳头或棒棍击打，这个皮囊能上下抗打击。中国人所说的丹田，可能就是这个皮囊吧？然而从尾闾延上到脊骨，却没有发现这个径路，是不相通的。"姓曹的回来后把这些话告诉我，我说："这个人的知识有限，所谓运动家，他的皮囊特别厚，能上下的抗打击，这话虽对。但这皮囊所包容的是气，积蓄气厚实了，是可以相通于膜的，这膜也必定比一般人厚的。不只能上下的，前后左右也都可以的。这个气与膜相通达，所以能上下的抗打击，而不是皮囊能上下抗打击。由尾闾上达脊骨，如果有径路可通达，那么大家都知道的，那又有何可贵而值得学习的呢？"

气与心相守于丹田，不只水可以化气，精也可以化气。精能化气，这个气的热能就像电一般，电之所能透度于水土及金属，没办法去御止它，更何况只是尾闾及脊骨呢？尾闾与脊骨有很多关节，虽然没有径路，但不可能没有枢机。既有枢机，就不可能没有隙缝，只不过被筋膜及软骨所弥盖了隙缝罢了。以精气与心火，锲入它的枢纽而灼热，加之以丹田之气，煽拂而推动之，使精气化热，而透度尾闾，上脊骨，而达乎顶，传布到四肢，使热气灌满于骨中，闭而不出，不久，精所化的气仍然回归于水，慢慢的成为黏稠液体，黏稠液体又化为有质量的物体，就是骨髓，贴在骨内，就好像镀镍镀金一般，古人所谓功夫日长一纸，就是说这个。久了，骨髓渐渐填满，那么骨头就坚强，所以比喻之为纯刚。能够无坚不摧，也是同样的道理。这些都是不离于阴阳五行的。而且还是可以见证的，我的师傅澄甫先生的手臂，重量比平常人大十倍，用来攻击人，没有不摧毁的。我不能比得上师傅，但是与一般人比较也重于数倍，这是可以验证的。老虎的骨与其他动物不同的，也就是它的骨髓硬如石头，没有一点隙缝，所以特别强壮，这也是可以验证的，这些不过是说明太极拳之所以合乎哲学与科学之一般概况。姓曹的说："哇，真是太妙了！太极拳发源于哲学，而能以科学验证，你的话我真的相信了。"

我说："这只是谈到练精化气，练气补脑而已。还有比这个更深一层的，就是练精化气，练气化神，练神还虚，这是可以通达灵性的，但我还没有达到这个境界。"姓曹的说："好了，不必再说了！我听后就知道，有这个道理必定有这个事实，可以保留到以后再来实证。"

# 第二十六章　神舒体静，刻刻在心

## 第一节　神舒体静

神是指元神、精神，是指意识思维活动所展现的情绪与神采。

舒是舒适、舒畅、舒展、舒服、安舒之意。在前面第六章中有论述到"立身中正安舒"，因为立身中正，则神贯顶，气血顺畅，精神就能得到安舒。

神的作用有静有动。气的松缓流行及身心的舒放，是静的作用；如捕鼠之猫的专注、凝聚，蓄势待发，是神之动态的气势。

太极拳是静而后动，然后，在动中求静，听起来好像有些矛盾，其实并无矛盾。人在极静之时，就会有气动、气热、气腾然的现象产生，这是阴极阳生；在动中又须求静，这是外动而内静，身子虽然在活动，然而内心却静如止水，这就是"一动无有不动，一静无有不静"，这就是阴阳相生，阴阳互济，阴中有阳，阳中有阴。

太极是靠着身体活动而起作用的，那么，为什么说"体静"呢？因为"神舒"了，自然"体静"。体静，是松净的成果，如果身心内外没有松净，气不顺遂，那么，身体就会僵硬起来，肌肉结滞，神经紧绷，筋骨硬挺，呈现"体硬"状态。

松，是静的条件，松而后能静。因此，太极拳在盘架子的过程中，应随时注意身体与心灵的放松，心情保持愉悦，心静神宁才能聚精会神，使自己处于神舒体静的轻松状态。

什么是静呢？思绪无邪念，是为静。孟子说："不动心为静，静则心平气和，志正体直。"孟子说到不动心念才是真正的静；志正体直，志正就是心境正直不邪，体直就是透过心正而后体静的意思，体直就是气直，因为心平而气松净，所以身体即能随之而达直顺遂。

松与静是关联的，松了才静得下来，静了才松得干净，松与静是一体的两面，太极拳的松柔能把握住，才能够静下来，也唯有身心俱静时，才更容易体会到松。

心静要从修心养性着手。养性也要养气，性命双修，气壮则神凝，而神舒，志正体直，身正而心思静定，无思无邪，内视反观，置淡六尘五欲，抱元守一。

## 第二节　神舒体静与修心养性

武术的最高境界是练气化神，练神还虚，练虚合道。这是最深、最终的，也是最重要的修炼。修心养性，一心向善，淡薄名利及一切七情六欲，使心达到静定，心能静定，则神不外驰，神不放逸，则魂魄能安，才是真正达于静的境界。

人的心意元神经常往外奔驰，耽溺于外界的五光十色，因此元神无法与色身形体共存共荣，久之，形体渐枯、衰竭，最后神形分离，生命结束。

心意向外放逸，会损耗身体固有的元气，使身体衰老；要防止精、气、神损耗，进而日增月益，唯有收摄心意，隐藏宝贝于内心；身体得到心意的照顾，就能产生阳气，阳气又滋养元神，善性循环，得以长寿延年。

修炼太极拳应善于摄心，敛气，守神。太极功夫，分动态与静态。通常练的都是外形动态的，透过招式、肢体动作配合意念呼吸导引与气的鼓荡等作用，使气血畅通，循环无碍，达到健康的目的；加上内力与劲道的培养锻炼，达到御敌防身的效果。

静态方面就比较深奥，是内层的东西，是讲心性的问题，深入到修心养性的层面。首先讲到气守丹田，神宜内敛；气守丹田就是养气，养吾浩然之气，当太极拳练到了一定的水平，阳气凝聚于丹田气海中，为我所用。气壮神就足，神足而不放逸，都摄六根，制心一处，就又可以养气。气壮神足当然身体好，而且气饱不思食，神足不思淫，气足神奕，正气参天，自然不思淫欲，不会暴饮暴食，花天酒地，沉溺于声色五欲当中，由此，可知养气存神之重要。而养气存神之基本，不外乎"一念善心"，也就是一颗善良慈悲的心。佛家云"一切法唯心所造"，这道理就又更深奥了。练拳要刻刻留心，心如止水，心无纤尘染着，心无阻碍，才是真功夫。

练拳，最重要的在于练心，修炼心性。要时时保持一份清净的心，无染无着，关闭六根门头，念念清净，至内心无一物，何处惹尘埃。

去除"我相执着"，是武术的重要法门。执着我相是练拳之忌，因为执相会分心，分心则气不能凝，神不能聚；神气不能凝聚，则劲不能生；劲不能生，则练拳无益。所以，练拳要练到无"我相"，练到忘我之境，外缘与我没有一丝牵扯，没有一个练拳的人，也没有一个所练的拳，拳我两空。不必顾虑拳打得好而无知音赏识，或打得不好，被评头论足；拳不是练给别人看，也不怕别人看，好坏由我，与人无干；能无视凡俗眼光，超然物外，才是洒脱，才是超俗。

去除人我相，去除执着，去除一切贪、嗔、痴、慢、疑、色、声、香、味、触，悠然忘我，应如是清净，如是自在。

拳即道，练拳也要修道，修道才能使心清净，心能清净，气劲自生，相辅相成；如果妄想执着太多，则心不能平静，心不静，气则乱，气乱神则散，不惟练拳无益，还有害身心。所以，习拳养气，摄心守神，修心养性，是修炼太极拳的不二法门。

## 第三节　刻刻在心

这是行功心解说到的最后一个"心"。为什么行功心解最后谈到的心是"刻刻在心"？这是嘱咐修炼太极拳者，不可把最重要的东西丢掉，不仅不可丢掉，还要时时刻刻地把这个心抓住。

刻刻在心，意思是说行功练气要以心为先，以意念为主导，无时无刻地用心、用意念守着气，意守于丹田，使气凝聚。心为一身之主宰，练太极拳在心中须有一"正"字，所谓正心诚意是也。心正则身体各部皆正，这是孟子所说的"志正体直"，因为身体各处，都是听命于心，心专心直心正，则心神内敛，精神才能提得起。心不正不直不专，则心识外驰，心猿意马，魂不守舍，气难沉着。"刻刻在心"，先求心在，心驻，心专，心正，只有刻刻在心，精神始可贯注，无丝毫之懈怠。

# 第二十七章　切记，一动无有不动，一静无有不静

切记，是加强叮咛，是一种恳切的嘱咐，要切切实实地记住，记住太极拳是"一动无有不动，一静无有不静"的。凡有动，都是一动全身皆动，是连绵贯串的，不是局部的动；凡有静，也是身心俱静的，都是一静无处不静的。所以，太极拳是一种整体的活动机制，不是片面、局部的动静。

太极拳的动，是身心俱动，意动而身随，身动而心静。太极拳是静极生动、动极生静，静中有动，动中有静，动静相兼、相合。太极本无极，无极一动生太极，太极动静分阴阳，阴阳开合万物生，生生不息，这就是太极的根本。

太极拳十三式中，掤、捋、挤、按、採、挒、肘、靠这八法是手法，前进、后退、左顾、右盼这四法是步法，中定是身法，中定是平衡之法，中定是静法，太极十三势，势势相合，动中有静，静中有动，动静之中有手法、有步法、有身法。太极拳静的方面可练习站桩，后进入拳架练习。站桩是武术的基础，要练成高深精湛的功夫，得从站桩下手。

以武术的立场而言，气是可以透过修炼而累积，而储存的。行功心解开宗明义就说："以心行气，务令沉着，乃能收敛入骨。"这是太极武术的至理名言，是古人武术的智慧结晶，是武术修炼者之成果呈现，是后代武术修学的最佳路径，若能按着这些经论而修炼，要成就武功是绝对可以的。

站桩的作用是什么？是练练腿力而已吗？或是站着好玩，让人家认为你是练功夫的人？若是存着武术的虚荣心态，于事无补，于功夫无益。

站桩是透过心灵的宁静，以意念引气下沉，透过鼓荡导引，令气腾然，而坠于脚底涌泉，经久而生根入地。就像高楼的地基，需要深沉稳固，如盘石般的坚实而屹立不摇。

桩法有固定桩及活动桩。固定桩如三才桩、浑圆桩等；活动桩就是拳架的形，打形要有桩，步步有桩，稳如泰山。无桩则漂浮不定，虚妄不实，空有其表；有桩则中定、平衡，虚实变化得当，才能得机得势，无有败阙。站桩时，眼观手，回观心，要把神意收敛在心，不可心猿意马，妄念纷扰。把气固守于丹田，让他温热，而腾然，而收敛入骨，久集而汇聚成内劲，这是行功心解所言，不必置疑，而且必须确信，才能成就无上的功夫。吸气时，气贴于背，以意观想，久之而有感觉；吐气时，气沉于丹田，以微意及暗劲徐徐往下运至脚底，不能用拙力鼓气硬使，经久则气入地而生根。

运气是生机勃勃的，是生意盎然的，是灵动活泼的，是绵绵不绝的，必须与自己宝贝的气建立互动关系，保持体贴关怀，时时呵护着他，照顾着他，当它是自己的知己，自己的爱人。这样，站桩还会枯燥吗？会单调吗？当有一天练至有功力有明显的增进，内心的欢喜涌跃，信心建立起来，你一天不练站桩，都会觉得可惜，因为少集存了一分功力。

拳架方面，虽有手法、身法、步法及招式的变化，但在动中，内心仍要保持寂静，呼吸要流畅而有规律，身体要保持立身中正、虚灵顶劲、沉肩坠肘、松腰落胯等等要领。若能极静而放松，自然会感觉气的沉坠与流行。拳架的动，是拳经所说的"其根在脚，发于腿，主宰于腰，形于手指。由脚而腿而腰，总须完整一气"。所以，太极的动，是其根在脚，是动于脚，但是，由脚而腿而腰，总须完整一气。完整一气就是一动全身皆动，一动无有不动，它是整体贯串连接的，没有先后，没有断离。太极的完整一气，若没有寂静的心做为前提，则心乱意散，神不守舍，气不凝结，无法求得功夫，所以，太极的动，须有寂静的心作为依归，故说"一动无有不动，一静无有不静"，动静相兼，阴阳相合，是为太极。

站桩是练习放松与培养内气的，站桩，外表静定，内里的气却是鼓荡穿流的，是外静而内动的。走架行气是动中求静的，由开合折迭的运用，使神气统一而聚敛，打拳架，外形连动不断，往复折迭，步法游移虚实变换，步随身移，身随腰转，外表之动精彩多姿，然而，内心是静极宁谧的，这是动中求静的功夫。

## 第一节　动中的定力

太极拳，从外表看，是动的，但是如果只是纯粹的动，则与一般运动无异，无法成就太极内劲功夫；如果只是纯粹的肢体之动，而没有太极内涵中的"以心行气，以气运身"等深层的行功运气的静的功夫，那么，这些动都是王宗岳先生所谓的"非关学力而有为"的"斯技旁门"，不是真正的太极拳，只能称之为"太极操"。

在外部动的活动当中，又如何求得内部的静呢？这是初学者普遍的问题，因为招式未熟，光记招式就来不及了，还如何去照顾内里的静，所以，王宗岳先生的拳论说"由着熟而渐悟懂劲"，招式不"着熟"，无法求劲，无法懂劲。练太极拳，先要求招式着熟，熟到不用去记都打得出来，这样，才能在招式的着熟当中,将心求静,静而心定,定而气生,气生而运,运而百炼成钢,功夫底定。

练静,大部分人是用静坐方式,虽然是一个方法,然而,静坐时,身虽静,心不一定能静得下来,有的人在静坐时,反而思绪更杂乱,妄想纷飞,连陈年往事都会不由自主地浮上心头。有些人静坐功夫够了,在上坐时,暂能心平气和,但偶尔听到家人呼叫声,或电话声,或外面的狗叫声,或汽车呼啸而过的喇叭声,内心不由怨恼起来,此时气乱难平,久久不能自已,这是定力不够,只有在安静的环境之下,才能保持心静,这个虚拟营造的静,是自己刻意去求取的,不是内心真正的静,这个静是会有变化的,所以不是真正的静。

真正的静,是在动荡杂错的环境中,内心蠕蠕不动,不为外面的声色世界所影响,所扰乱。

静是指心不散乱,意不放驰,神不离舍,是一种定的功夫,动中的定才是真定,在动中而心能入静,才是真定。

在打坐的静中或站桩的静中有了基础,就要开始练习生活中动态的定,在平常的活动中,不被外境所干扰的定力,称为动中定力。譬如,在喧嚣的人群、市场、百货公司之中,不被嘈杂声及色尘所干扰,摄心于一处。又譬如在散步中,保持清净,心不散乱,一心内观呼吸的进出,外面的声尘入耳而不听,色尘入眼而不看,香尘入鼻而不闻,味尘入舌而不贪。如是慢慢练习,定力渐渐增强。

在静坐中,在站桩中,先练习不被妄念所干扰,使心境能进入空的状态;静定有了相当的基础,再进行动中定的练习。

动中定力的练习,可从盘架子入手,不须求旁门左道。从无极势进入太极起势,一举手一投足,即要观心入静,眼观鼻、鼻观心,都摄六根,回心返照,制心一处。眼神虽是内摄的，但眼睛余光要随着手的摆动而移视，不可呆滞无神，眼动而神随，神随而气生。

制心一处，是入静求定的方法，那么，制心一处，要制心于哪一处呢？意守丹田是太极拳制心一处最好的练法，因为丹田范围广而明显，不似守窍那么虚幻飘渺，捉摸不定，而且意守丹田能使丹田之气集中凝聚，在静定中能感觉气的温暖与鼓荡，练拳就是在练一个感觉，若是无觉无知，气不生动，练拳无有效益。制心一处，意守丹田，静静地，用心地看着气的沉守，气的流动，气的鼓荡，气的折迭，气的吞吐，气的蕴酿，心守着气，心息相依，心与气互为照顾，这样，一心只放在气的看顾上，心无旁骛，这是太极入静的快捷方式，也是动中求静的方法。

如果在拳架中，在肢体的动态中心能保持静定，此时已然成就了动中定力，那么，在以后的推手及实战动态中，即能处变不惊，心神凝定，而能在动中求变，在变中取得优势。

## 第二节　意守神蓄就是定

练太极拳要生活化，把练拳生活化，在行、住、坐、卧当中练拳。时时意守神蓄，成就动中定力，那么洗脸刷牙可以练拳，蹲马桶可以练拳，等人等车可以练拳，工作、游戏可以练拳，爬山、戏水可以练拳，散步休息可以练拳，处处皆拳。如何做到这样？只要一作意即可，所谓作意，就是心中起一个念，起一个练拳的念，有了这个念，你就是在"念拳"当中，你就是在"练拳"了。作意、起念，心中把气守住丹田，神不放逸，安住在自己本舍。两臂微微一提，就是练掤劲，胯轻轻一落，就是练气沉丹田，脚跟暗暗撑蹬，就是练入地生根，腰松松拧转，就可牵动往来气贴背，下颌一缩就是虚灵顶劲，尾闾中正就是神贯顶……这是另类的练拳。真正腾出时间来练拳，当然也是必要的，如果能在生活起居当中，抓住练拳的每一个分分秒秒，积蓄累进也是能功夫成片。

时时意守神蓄，就是在练功夫。若是神不守舍，意气放逸，一天练八小时，亦将唐捐其功，因为神不守则气散乱，气不凝结，内劲难生，没有内劲谈何功夫？

若能神蓄意守，手轻微一提，甚至不提，只要作意，手已然掤劲在即；只要意守神蓄，气就能深沉丹田，积壮内气，收敛入骨，汇聚成劲。

五欲的牵绊，使人功夫不能成就。五欲，就是财、色、名、食、睡，大家都是沉沦在五欲中，争名逐利，贪财、贪色、贪名、贪食、贪睡，不能精进用功，所以功夫难成。若能轻淡五欲，刻刻在心，时时意守神蓄，在动中求静，定静而后气动，气动而沉着，终而气敛入骨，内劲成就。

# 第二十八章　牵动往来，气贴背，敛入脊骨

## 第一节　以牵拖引喻、牵动往来

牵拖，台语之意乃是把责任推卸到别人身上，或没把事情做好而迁怒别人。练太极拳，则需确确实实做到牵拖，否则功夫很难上身。如何牵拖？比如，你要做一个按掌，不能单靠手臂的局部力量出掌，而需靠肩牵拖肘，肘牵拖手，一节牵拖一节。手则靠腰胯牵拖，腰胯靠腿足牵拖。以外表肢体而言，全身动力在脚根，由脚根节节贯串，一节催促一节，而形之于手，形成一股完整的劲道，也称为完整一气，或整劲。

牵拖，是拖曳的意思，被拖着走，不是自己自动走，手被腰拖着走，腰被脚拖着走。牵拖的时候，要慢，越慢越好，越慢，气感越大，越麻，越胀，越沉。好像打针，要慢慢地运使暗劲。

往前牵拖的时候，气循着相反的方向挤压，形成一股自然的阻抗力，全身每个关节都有相对的二争力，无令丝毫间断。

一支水瓶，装半瓶水，用手提着前后晃荡，上提时水是往下流，下摆时水是往上流，都是反向而做，逆势而行，打拳要去体会这个道理。

牵拖，最重要的是内气的牵拖，外表肢体去配合，如果不以气为动力，那只能算体操，练不出沉劲，练不出极刚强

的内劲。

没有牵拖，劲亦不 Q，劲不 Q，以后就不能打出寸劲、冷劲、脆劲。

脚根以意念沉入地里，向下向后踩去，使身体向前牵拖，身体被牵拖而出，是整面整体的，根不能虚浮而起，要更沉，深入地心。好像在水中泛舟，桨往后划动，桨要沉入水中，划动需用暗沉之劲，将舟牵拖向前，顺着水的势力牵动舟身。水有阻力，打拳犹似陆地行舟，把空气当成水，自己要去制造一股阻力出来，要用身体去感觉，你感觉到了，东西就上手了，其余的就靠自己的持续不断，去累积功力。

太极前辈常谓"不用手"，意谓打太极是不用手的，手只是轻轻地，沉沉地捧在那边，靠着腰腿来使运，靠着内气来驱动。若是手主动自动，没有被腰腿牵拖，没有靠内气暗劲牵拖，那叫体操，不是打拳，那叫"舞"，不叫"武"。

牵拖时，内气是鼓荡、折迭的，筋须拉开、撑开、拧开，使筋脉奋张，活泼而有生机，而有弹力。牵拖时，一处有一处的掤劲，全身处处不离掤劲，全身之掤劲需互联、互合、互随，互相照顾，不使有断续处及凹凸处。

牵拖至劲 Q 时，你腰一抖、一甩、一牵、一拖，空气的气流会与你相感、相应，气会被你拖着走，内外气相合时，你一作意内劲即可随身而应，轻轻一顿、一带、一采、一按，就能将对方全身撼动，到那个阶段，到那个时节，到那个火候，才能体会什么叫神妙，什么叫不可思议。

牵拖，就是牵动往来，就是往复折迭，把身体牵来动去，将肢体与内里的气牵引出来，牵动起来，使筋骨伸展开来，松开而富有弹性，使内气在往复折迭牵动中，因摩荡而生热，使气腾然起来，终而能气敛入骨。

第二十八章　牵动往来，气贴背，敛入脊骨

## 第二节　如何牵动往来

牵动往来，靠的是下盘的脚跟，也就是拳经所说的"其根在脚"，所有肢体的枢纽、原动力，都来至于下盘的脚跟，所以说下盘的桩法有何等的重要。脚跟的桩功要能入地生根，要能与地相密合，要能借地之力，运用二争力配合丹田之气，由脚而腿而腰而手节节贯串地整体牵动起来。

牵动往来，就像彩带舞，手里握的竹子轻轻挥洒，就能使整条彩带如波浪似的牵动荡漾开来，绵绵不绝，舞去飞来，精彩无比。这彩带舞的主轴枢纽在握竹的手中；太极拳牵动往来的主轴枢纽在下盘的脚跟，如果涌泉无根腰无主，就无法牵动往来，无法牵动往来，气就难以贴背，气不贴背则难以敛入脊骨。

牵动，除了下盘的脚要有二争力，连带而上的，腰也要有拧转互争力，手也是要有互相牵动的阻力产生。牵动中的二争力及因二争力所营造出来的阻力，有前后，有左右，有上下及立体的回旋路径，不是单一面向的牵动，在往复牵动，来去折迭当中，构筑细腻、复杂、连结、错综交织的螺旋劲路。

## 第三节　气贴背

气是无形的质量，要去感觉气贴于背，对初学者来说，似乎是蛮难的。气贴背的感觉就好像一张气膜，贴于背脊之间，有实质的感觉。初学太极拳，有些人连手的气感都没有，就更别谈气贴背的感觉。不过没关系，太极拳不是一蹴而就的，只要有恒心地练下去，迟早能掌握到气感，慢慢地也能体验气贴背的感觉。

体验气贴背的感觉，配合太极拳的呼吸法，吸气时，胸微含，背微拔，脊背躯干微微屈伸，这是束身下腰动作，使气由丹田通过尾闾，上行督脉，输运于脊背，此时脊背会有些微紧致的气感，仿如一张气膜贴附着，这就是气贴背。

要使气贴背的感觉更强烈，丹田的气要饱满凝结，靠着两脚的二争力暗劲，上传至腰，腰的拧转营造出的阻力，因两脚二争力暗劲的驱使，而使腰的拧劲更紧致，更细腻，更强韧，在这些机制下，气贴背的感觉更明显，更强烈。

躺在床上可以练气贴背的感觉：平面仰躺于床上，全身放松，微微地、轻轻地、深长地吸一口气，胸微含，背微拔圆，使气通透于背脊，与床面相贴合，床是有实质的物体，气是无形态的能量，以无形的气与有形的床面互依，可以感受到气贴背的感觉，这是另类的假借有形的物体来体验气贴背的感觉，等待功力成熟，站着时，意念一带，就能把气运到背脊，在牵动往来中即能气贴于背，久练而敛入脊骨。

## 第四节　敛入脊骨

前面说过，骨有贮存功能，所以透过太极拳的修炼，能使气贮存于骨，谓之"收敛入骨"。

这一节强调的是牵动往来气贴背，所以才说敛入脊骨。气既能敛于脊骨，当然也能敛于全身，这是毋庸置疑的。

练太极拳，在松柔中，在以心行气中，可使血管扩张，血液循环加速而充足，由于意念的驱动导引，使神经电流贯入骨细胞内，造骨细胞获得足够养分与氧气，能快速增生，使骨密度增加，这也是气敛入骨的功能。

有西医理论谓，刺激筋紧张性纤维可使血液流入骨内，使骨头空隙缩小，骨头就变重了，就是行功心解所谓的气敛入骨。

筋是一种含纤维的质体，在太极的修炼当中，须将筋松开、拉开、撑开、拧开，这些机制就是刺激筋紧张，透过刺激筋紧张，而使气血输入骨内。由此可证西医理论与太极理论是不谋而合的。

## 第五节　敛入脊骨与力由脊发

在太极拳的行运当中，因为有牵动往来及往复折迭等行气运劲方式，也因腰脊的拧动与作意，使气敛入脊骨，作为发劲的根本。

在第十三章中已论述到力由脊发，因为发劲在上盘而言靠的是力由脊发，透过胛肩，由肩催肘，肘催手；在下盘的话，当然是其根在脚，发于腿的，是全身一贯的，上下完整的，不可分开断离的。

力由脊发在形体上，是利用脊柱的旋转折迭来发劲的，从内里而言，这个劲道是从丹田之气引入脊柱而发劲的，所以虽说力由脊发，内里是以气劲为基础的，不是由背部的肌肉来发力的。

脊背是督脉重要的通道，通过力由脊发的训练，能打通督脉各节关卡，使气劲得到增强。

脊背是上半身发劲的枢纽，是上半身的基座，透过丹田之气作为根本，所以，在平常拳架的练习当中，利用牵动往来、往复折迭的行功运气机制，使气贴于背而敛入脊骨，累积气劲能量于脊骨中，作为日后发劲的资本。

## 第六节　含胸拔背与气贴背

　　太极拳的含胸拔背，不是凹胸驼背，而是自然状态的松胸与气的拔贴于背。

　　含胸的含，为水泽很多之意，引喻船入于水而涵容之意。太极拳本身是一个圆，胸含而成圆，含胸的意思，是胸部可以像海水一样包容一切外力的冲击，将对手的来力引进落空而至消失，或虚化而连消带打。

　　含胸，胸含而不挺，往下松沉，两肩微向前抱，能含胸，才能气沉丹田。含胸时，将左右胸肌往中收折，好像把前胸贴向后背。

　　人体在放松时，胸椎有微后凸的自然生理弧度，与脊柱共同担负缓和冲击力与震荡力。由于胸部的放松所呈现的含胸状态，使背肌也因此而舒展张放而形成一个拔背的姿势，也使两肩微微地向前裹合，构成一个极自然而放松的含胸拔背态势，这是有利于全身气血的运行，也含盖了气沉丹田与下盘桩功的沉稳。

　　含胸拔背，不是挺胸凹胸，不是驼背、弯腰。不要勉强地去凹胸、挺胸、驼背、弯腰，一切以自然放松为主。拔背，是背部肌群的拉拔而引发脊柱的撑贴，拔背时两肩与背脊呈现为向后圆拱的弧形，背部肌群会伸撑形成催筋拉骨状态，背部有些微紧致的感觉，好像一张气膜贴黏于背脊，这种感觉就是气贴背。

　　能拔背，则能力由脊发。拔背有助于整体劲力的发放，使发劲充分而畅透，若能掌握拔背含胸的要领，在实际推手或实战应用时，能使发劲更疾速，更冷脆，爆发力更强烈。

# 第二十九章　内固精神，外示安逸

## 第一节　内固精神

精神，是指意识思维活动所展现的情绪与神采。情绪的好坏与神采的奕萎，决定于内里气机的强盛与衰竭。太极拳的行功运气，可以促使神经活络，筋骨坚韧，血液循环畅顺，代谢正常，所以，于内可以固精凝神，内壮脏腑，使人精神抖擞，神采奕奕，于外可以健壮百骸，容光焕发，舒适安逸。

所谓"精神"是指精、气、神而言。神依形而生，精依气而盈，积精生气，积气生神，神、气、精三者交互为用。

精、气、神是人身三宝。精，有先天之精，称之为元精，是生而俱来的；后天之精是指一般所称的精液。气，有先天之气，又称元气，藏于丹田；后天之气是指呼吸出入息的气。神，有先天之神，称为元神，后天之神指的是识神。精气神三者，相辅相成，先后天也有互补作用。透过太极拳的修炼，以心行气，务令沉着，以气运身，务令顺遂，精神就能提得起，意气就换得灵，神就能似捕鼠之猫，炯炯而灵。

## 第二节　外示安逸

太极拳的套路架子，是松松柔柔，温温和和，平平静静，安安逸逸的，都是从容不迫，不会有紧张的现象，不像有些拳术，总是张牙舞爪，怒目相向，一副虚张声势的样子，太极拳这种外在的悠闲与安逸的表现，多半来自精神的内固与气的凝聚。

安逸，就是安闲舒适，自由自在；安，是安定、安全，安心，安泰，安宁，安康；逸，是和乐舒坦，心中无虑，无忧愁，无阻碍，坦坦荡荡。打拳是一桩快乐的运动，应该是轻松自在的，心平气和的，所以不必鼓力努气，气喘吁吁，面红耳赤，不必一副凶悍跋扈的样子。

某些拳术，是要刻意用力的，而且，用的力也大都来自手的局部之力，过度的用力，内里的气就会虚浮起来，连带下盘的脚根也会飘浮上来，造成重心不稳，步法显得呆滞而不轻灵；气一浮起，就会发喘，增加心肺的负担，无形中都是在间接慢性地损耗内气，不是健康养生之道。根据近代生物学家的观察实验，发现在脊椎动物中，心率的快慢与寿命长短呈反比。老鼠个性躁动，每分钟心跳数百次，所以寿命只有两年左右；龟类动物行走缓慢，心率也是缓慢的，故有千年寿龟。

现在各类体育竞技，竞争激烈，都是以速度取胜，心率皆界临于极限，这与太极拳运动是大相径庭的。太极拳的慢匀松柔，却具有相当的运动量，心率也不疾速，所以能外示安逸，是正确也是正统的健康长寿之道。

太极拳，以心行气，以气运身，使内脏得到温养健壮，是很好的养生方法，可以内固精气神，外现安和逸乐。太极拳的松柔，可令神经、肌肉、筋骨舒展开放，使气血通畅无碍，减少疾病的缠扰。身体健康强壮，展现于外的神采，当然是和乐安详。

太极拳祖师遗论，"欲天下豪杰延年益寿"，不作争强好斗，违损健康之事。太极拳虽以延年益寿为目的，但在求延年益寿当中，却涵盖了武术中技击防卫的甚深武功，而且，太极拳能以柔克刚，刚柔并济，性命双修。成就了太极甚深功夫，展现内在的胆识与外在的气势，含蓄而凛然，温文儒雅当中含摄威仪，无虑无惧，一片祥和，这才是真正的无矫揉的外示安逸。

# 第三十章 迈步如猫行，运劲如抽丝

## 第一节 猫之行

猫出生 7~14 日就开始慢慢会爬行，到了第 16 天后就会摇摇摆摆地走路，第 21 天步伐就趋于稳健，以后就会越走越稳。

猫的骨骼比人类多，所以动作也比人类灵活。人的肩膀有锁骨连着，不能灵巧地活动，但猫没有锁骨，所以行动敏捷，从高处摔下也能迅速转身，平衡落地。猫的脚骨前肢，可在肩胛关节外旋转自如，可在狭窄空间自由穿越和旋转。

猫的足趾底部有软软的肉垫，所以行走时没有声音，而且动作优雅，在捕抓猎物时，不易被察觉。

## 第二节 太极拳的猫步练习

太极拳的迈步与一般拳术不同，一般拳术的步法，不论前进后退都是比较快速的，不像太极拳要求慢匀而轻灵，而且要虚实分清，不能疾速忽略而过，必须实脚踩稳，虚脚一分一分地踏出。

平常人走路都是一步接一步地往前走，身体的重心是利用移动时速度所产生的惯性作用在走,并无虚实之分,这种情况下,重心是没有完全落实于脚底的,所以,利用到脚底的力量是比较少的,我们平常的走路,不能说没有用到力,如果完全没有用到力,脚是无法抬起举动的,但是走路这种惯性作用的移动用力方式,并不能使气下沉,是无法成就下盘功夫的。

要成就下盘的稳固功夫,除了站桩、拳架的练习之外,练习猫步不失为一个好方法。猫步的练习,两脚与肩同宽,屈膝落胯,气沉丹田。先坐实右脚,左脚轻轻虚提而起,左脚落步时必须左脚跟轻轻点地,身体其余部位不可摇晃,然后右脚重心往前移至左脚,前脚一分实,后脚就一分虚,如是慢慢地转移重心到前脚,当身体重心完全落实于左脚之后,再用同样方法迈出右脚,如此一步一步地向前行。

左脚迈出时要很轻灵,要有如临深渊、如履薄冰的感觉,先将左腿髋关节放松、再来放松膝关节、踝关节、脚背,然后脚跟慢慢着地,接着脚掌着地,最后脚趾着地,如此一步一步慢慢向前迈步。

练习猫步时,要立身中正安舒,松腰落胯,气要沉,后面的实脚,要能支撑八面,步法要自然而轻灵,全身放松。

猫步步法宜稳,宜轻,宜慢,慢工出细活,慢中练就轻灵,慢中练就沉稳;迈步若快,变成走路,无法成就功夫。

太极拳的运动量,决定于迈步的速度和步法的大小,猫步的练习,是在两脚半蹲下腰束身的状态下迈步,而且身体须保持在一个水平线上运行,行进的速度要极慢,而步法要大,如此运动量将随之而增,如果行进的速度太快,而步法太小,则无运功之效果,无法达到下盘稳健之实效。

## 第三节　迈步如猫行

前一节所说的猫步练习，是一种下盘功夫的单练法，当猫步练习一段时日后，下盘已有基础，在打拳架时，就要把这猫步实际应用到拳架当中。在太极起势开架时，就要把猫步应用上来，在各个招式的行运演练当中，在往复折迭当中，在牵动往来当中，在前进、后退、左顾、右盼当中，都是要迈步如猫行的。在虚实变化当中，步法之移动，不能忽略而过，不能随便粗糙地跨过，前进时，必须后脚打实，前脚轻提足跟慢慢地沾地，慢慢地落实，这是展现太极拳的下盘功力，也是太极拳特有的风格之一。

内行看门道，外行看热闹，太极拳打得好不好，可从迈步是否如猫行来观察鉴赏；太极拳初学者，步法总是飘浮不定，摇摆晃动，举步轻率；相反的，功夫深者，下盘稳固，迈步慢匀而轻灵，潇潇洒洒，神意敛沉，意气风发。

## 第四节　运劲如抽丝

运劲，是指气敛入骨以后，内劲成长，此时必须透过运劲阶段，才能百炼成钢；如果，内劲还未成长，都还在行气与运气阶段，不得谓"运劲"。

运劲就好像揉面团，在面粉加水合成团后，开始揉面团，将粉团揉搓、压按、摔打，再加水，再揉搓、压按、摔打，往复不断。久揉后的粉团，变成韧而有筋，富有伸缩弹性。

运劲就好像炼铁成钢，将熟铁加碳放在火堆上烧，然后折叠锻打，再烧，再折叠锻打，再烧，经过千锤冶炼而成为极坚刚柔韧而有弹性的钢，这就是百炼钢。

运劲为什么要如抽丝？古人养蚕抽丝，织布做衣；当蚕吐丝成茧，经水煮，茧软，以人工抽丝，抽丝有技巧，就是慢而匀，丝才能被抽出而不断裂；同理，太极拳行运内劲，就像抽丝一般，要慢而匀，整而束结，内劲才能透过折迭运为，使得内劲变Q、变韧而有弹性，使内劲变得脆而整，累积蕴藏而备用。

所谓运劲如抽丝，就是在运劲时要匀慢轻巧，蚕丝微细，所以抽丝时，宜缓宜慢，犹如行拳之运劲，小心翼翼。

太极拳之练习次第，应先慢练，先练体，功体成就后再练用；练用时，则可快可慢，在功体成就后再练发劲用法。

某些人自创太极快拳，以为是种创见发明，事实上只是画蛇添足，头上安头之举。太极拳原本能以慢制快，也能练时慢，用时快，也能极柔软，而后极坚刚。练时慢，是练气，沉藏内敛而成劲，是练体，是练内功。练体成就，透过用的练习，在用时，自然可快，随心所欲。如果功体尚未成就，亦即慢的功夫尚未成就，柔软的功夫尚未成就，运劲如抽丝的功夫尚未成就，就急着去练快速的打法，将会徒劳无功，而且练成拙力。

太极拳功夫成就时，是可以以慢制快，是可以后发先到的，后发就是慢人半拍，虽慢人半拍，却可以先到，这是快，这才是太极拳。

## 第五节　后发先到

后发先到，是比人迟缓发劲，却能先到，听起来总觉得玄妙，不可思议，很多人都是不相信的。现在就来叙说后发先到的道理，先引用王宗岳先生的拳论："斯技旁门甚多，虽势有区别，概不外乎壮欺弱，慢让快耳。有力打无力，手慢让手快，是皆先天自然之能，非关学力而有为也。察四两拨千斤之句，显非力胜；观耄耋能御众之形，快何能焉！"这里说明了力的强弱与速度的快慢，是皆先天自然之能，非关学力而有为也，所以力的强弱与速度的快慢，并不能决定胜负，也不一定就能先发先到，抢快而制胜。

后发先到的条件有很多层次：

## 一、速度的快疾

动作比人快，抢到先机，时间与空间先到位，这就是王宗岳拳论所谓的手慢让手快的快，此乃先天自然之能，属于一般层次水平的快，这种功夫只要常练打击速度，很快就能上手。

## 二、截劲而入

对方之拳将到未到之际，截住对方的劲路，使他的劲道被截于半途，无法全力尽出，而我方的劲道乘隙而入，抢先到位，将对方打出。

## 三、连消带打

亦即太极拳所谓的化劲。这个连消带打，里面有化劲也有接劲。化劲是先走化了对方的来力，顺势回打，这层次还不算上乘。更上层者是敢于去接劲，将对方的来力接住，同时同步地瞬间刹那反射回去，这才是上品功夫，对方的来力越强，反射回去的劲道就越大，这才可谓连消带打，化打合一。真正的上乘，是不消不化、不走不架、不挡不格。戚继光《拳经诀要言》说："不招不架，只是一下，犯了招架，就有十下。"形意拳所谓："硬打硬进无遮拦"，里面涵盖很深的道理。

接劲不是硬接蛮干，也不是用手去接。太极有所谓的"用手非太极"，狭义而言，是指打拳架，不是手主动主导，而是以身领手，以脚领手，不是局部的手动，这是狭义的说法；广义的说法，乃谓在技击时，不是以手在那边格挡、招架，如果是格挡、招架的打法，不得谓之连消带打，是属于低层次的功夫。能用身体去化、去听、去接，才是广义的太极不用手。

真正的化劲是敢于去承接对方的强大的劲道，这不是耍强、耍蛮、耍狠而得以致之的，里面有很深的内涵。

接劲不是用手去接，而是利用身体的每一部分皮肤、肌肉、神经的触感反应去直接反射，更神妙的说法，要能去感应对方的呼吸，对方的气，对方的神，也就是拳论所谓的"由着熟而渐悟懂劲，由懂劲而阶及神明"的境界。

接劲的前提是，脚要有根，将对方来力接入脚底；手要有掤劲，也是将对方的来力借手而接入脚底；丹田要有浑厚的气及灵敏的气感，才能听到对方的呼吸，感应到对方气的起伏脉动。所以，后发先到，上举三种条件都须具备，你可以用速度的快疾抢得先机，动作抢先一步，较快地抢入。你可以截劲而入，但截劲而入是有条件的，你得有足够的胆识，否则见人一拳打来，闪躲犹恐不及，哪还敢截入。而胆识不是逞匹夫之勇，是成就了胜妙的高深武功，所呈现的勇者无惧的智慧，不怒而威的沉静气势。

你要会连消带打，得学会化劲与接劲，而化劲与接劲的前提是听劲，进而懂劲，然后阶及神明。

后发先到的先决条件，是慢练，透过行功运气的慢练，透过运劲如抽丝的慢练，使内劲凝结完整，使内劲韧而Q起来，透过听劲的着熟而后进入懂劲阶段，自然水到渠成，自然能后发先到。

# 第三十一章　全身意在精神

行功心解全文之轴心，几乎是围绕着气而作论述，那么在这里，为何会说："全身意在精神，不在气，在气则滞"，如果是依文解义，是有矛盾与冲突的。

这里所谓的气，是指后天的蛮力而为之拙气，是一种呆滞、浮躁、不顺、兼有粗暴的气，这种气是混浊不顺畅的，所以如果鼓运这种拙力的不顺之气，身体就会虚浮迟缓结滞不灵，故谓在气则滞，用这种粗暴之浊气拙力练拳，自己觉得有力，其实却是无力，因为无法产生绵柔的内劲之故，无法发出极坚刚的内劲之故，故谓有气则无力；若无蛮拙气，则生绵力，意到气到，气到劲随，故谓无气则纯刚这里所说的纯刚，是指极坚刚的内劲，不是顽刚的拙力。如果将蛮拙之气误解成致柔之气，则成差之毫厘，谬之千里，不可不详辨焉。

在气则滞的"在气"，是指一般练硬拳的用力方式或虽然是练太极拳，却没有走松柔路线，练成顽力顽刚，或者行功运气太刻意，使气停滞不顺或爆冲过度，致使气浮、气躁、气乱，而造成身体的伤害。

方法不当的"在气"，与过度而刻意的鼓气使蛮力的"在气"，都会滞碍气的流行与敛聚养成。太极拳讲求的是神舒体静、心平气和、极柔软与外示安逸的，如果刻意的在气或鼓运不当之气，则将与太极拳理论目标背道而驰。

某师谓："很多人误解'以心行气'是要注思着气来率领

气的运行或心与气并守于丹田，其实，行功心解最后有说：'全身意在精神，不在气，在气则滞，有气则无力，无气则纯刚'，亦即太极拳练到全身骨骼之中弥充气与劲，则其人对其身体的感觉，就不像是肉体的存在，而是像精神的存在了，这也就是'全身意在精神'所言的状态，简言之，就是练拳时，只要集中精神练拳即可，千万不要把心思放在掌握内气在体内的运行上，否则就会有走火入魔之危啊！毕竟，练太极拳之人倘还觉得有气，则他的太极拳是还不能用的；一旦他已不具有气的感觉了，则他的太极拳就已变成无坚不摧的纯刚了；而这也就是'有气则无力，无气则纯刚'这两句话所说的真正意涵啊！"

此论值得置喙，行功心解所谓"全身意在精神，不在气，在气则滞；有气则无力，无气则纯刚"。这两句话所说的气是指尚力所形成的浊气，也就是一种拙力所带出的拙气，用了拙力、僵蛮力练拳，就是所谓的有（拙）气，有（拙）气则无力，这边所说的无力是指不能成就内劲的意思，亦即谓若用蛮拙之力练太极拳，无法成就太极功体，无法成就内劲无气则纯刚是说练太极如果以松柔的方式去以心行气、以气运身，抛弃了蛮力拙气，才能成就纯刚的内劲。

初练太极，须专气致柔，专心一意地将心与气相依相守于丹田，有了这样的专气，才能日积月累地将气汇集而收敛入骨，成为至柔纯刚的内劲，所以，只有专气才能有致柔的境地，只有专气才能成就至柔纯刚的内劲。

"全身意在精神，不在气，在气则滞。"这里所说的在气是指蛮力拙气而言，因为正气是与精神同在的，有了正气才有精神的存在，有精神有必定有正气的存在，精神与正气是不能分开的。

在行功心解里面，说到很多的气，而这个气是有正气与拙气之分，若是都把它当成正面的气，读起来就会有前后矛盾的现象。所以，即使太极拳练到全身骨骼之中弥充气与劲，仍然会有气沉、劲沉的状态与感觉，不会说在身体上完全无这个气、劲的感觉，也不会说纯粹只有精神的存在，而不像是肉体的存在，因为精神与肉体是并存的，是不可分离的。

若说："练拳时，只要集中精神练拳即可，千万不要把心思放在掌握内气在体内的运行上，否则就会有走火入魔之危。"这是值得琢磨的。如果，练拳只要集中精神即可，那么集中精神，是为哪桩事？集中精神后面的内涵是些什么？一定有很多的内涵融入在行拳走架之中，否则，这个集中精神，也只是一个空洞的名词而已，也只是一个空中楼阁而已。若不把心思放在掌握内气在体内的运行上，那么，练拳是在练什么？只是集中精神在那边比手划脚而已吗？

行功心解开宗明义地说："以心行气，务令沉着，乃能收敛入骨；以气运身，务令顺遂，乃能便利从心。"若不以心行气，而令沉着，如何能收敛入骨？若不以气运身，而令顺遂，如何能便利从心？所以，以心行气，以气运身，是成就太极的重要法门，如果不是刻意的去弩力鼓气，应当不会有所谓的走火入魔的严重危险后果。所以说练太极拳之人倘还觉得有气，则他的太极拳是还不能用的；一旦他已不具有气的感觉了，则他的太极拳就已变成无坚不摧的纯刚了；而这也就是'有气则无力，无气则纯刚'这两句话所说的真正意涵啊。这样的说法，是值得推敲的，这是依文解义，依字解义，会错了行功心解真正的意涵了。个人以为，练太极拳之人若觉得自己没有饱满厚实的气及没有沉敛的内劲，那么他的太极拳才是真正的不能用；如果说，练到不具有气的感觉，他的太极拳就已变成无坚不摧的纯刚了，那也是不合逻辑的，即无气，哪来成就内劲？若无内劲，哪来无坚不摧的纯刚？读经看论，不能依文解义、依字解义，也不能断章取义或断句取义。行功心解一直以气、劲为轴心而开扩深广的论述，一定是能前后贯串相通的，若是前段明说细述，以练气为成就内劲的不二法门，到后段却自语相违的说

"在气则滞，有气则无力，无气则纯刚。"之语，那岂不是自打嘴巴，拿石头砸自己脚跟吗？由此可证，行功心解后段所说的"有气则无力，无气则纯刚"的气是指拙气，不是前段所说的以心行气、以气运身的正面之气，这样的解释，才不会有前后矛盾之处，才不会误会祖师之意，也只有实证功夫的人，才能读懂前辈们留下来的宝贝经典，融会贯通。

"全身意在精神，不在气"，精神是一个抽象名词，精神，包含精、气、神三者，所以，这里所说的"全身意在精神"的精神，当然已涵盖了正面的气在内，既然已涵盖了正面的气在内，后面的那句"不在气"，就是指负面的拙气，而不是正面的气，这样解释，整句文辞才能说得通，才不会有矛盾之处，才不会有自语相违之处。

行功心解谓"神舒体静，刻刻在心"，这个刻刻在心，就是提醒大家，练拳要时时刻刻把"以心行气"、以气运身的意念放在心上，时时刻刻的心息相依，行住坐卧不离"这个"，不离气守丹田，就像母鸡孵蛋，寸步不离，也就是丹道所谓的"不可须臾离之"之意。练太极拳必须神舒体静，刻刻在心，精神与肢体皆须松柔安静，最重要的是"刻刻在心"。

十三势歌云："刻刻留心在腰间，腹内松净气腾然。"如果没有刻刻留心在腰间，没有把气沉守于腰间的丹田，如何能达到腹内松净气腾然？如果没有气腾然，如何收敛入骨？如何将气汇聚成极坚刚的内劲？所以说："只要集中精神练拳即可，千万不

要把心思放在掌握内气在体内的运行上，否则就会有走火入魔之危。"与行功心解所言是背道而驰的，没有内气在体内的运行，是无法达到"气腾然"的，也无法收敛入骨成就纯刚的内劲。如果，"只要集中精神练拳即可"，那么，集中精神的内层不就成为空洞的"顽空"了吗？如果，"把心思放在掌握内气在体内的运行上，就会有走火入魔之危机。"那么，练太极拳，到底是在练些什么？如果，"把心思放在掌握内气在体内的运行上，就会有走火入魔之危。"似有危言耸听之疑，如果真的内气在体内的运行上，就会有走火入魔之危，谁还敢练太极拳？

《金刚经》说："汝等比丘，知我说法如筏喻者，法尚应舍，何况非法。"以心行气，以气运身，气沉丹田等等，都是修炼太极拳的法，等有那么一天，锲而不舍，坚持不退而练就了太极拳的功体，成就了纯刚的内劲，此时再来与人说："法尚应舍，何况非法。"

如筏喻者，乘筏已渡过彼岸，那个筏就可以丢弃了，不必一直背在身上。但是如果还未到达彼岸，还是得老实练拳，规规矩矩地按照经论及行功心解的方法，去以心行气，以气运身，庶几而能有所成，到了这个境地，才能"全身意在精神"，因为，功体已经成就了，只要意在，气就在，只要气在，劲就在，只要一"作意"，意念一提或不提而提，不念而念，意依然宛在，此时也无需再意在精神，已经达到随心所欲的化境之中，要修炼到这个境界，才能像老前辈所说的："有拳有意都是假，技到无心始见奇。"要有这样的境界，才来与人说："如筏喻者，法尚应舍"这样的话。

如果，功夫还不到那个境界，还未到达彼岸，而语人谓要舍弃那个渡河的筏，那么，要达到彼岸，要成就太极拳之纯刚功体，将成为痴人说梦。

# 第三十二章　气若车轮，腰如车轴

## 第一节　气若车轮

车轮，是轮子外围的圆弧。所有的轮子都是圆的，圆的才能旋转滚动，速度才能快疾而无阻碍，即使碰到顽石挡道，也能圆顺而过。

太极拳的走架招式，在牵动往来及往复折迭当中，都是呈圆弧路线的，不仅可以借力使力，达到省力原则，也因为走圆弧路线，而使气血更加顺畅，在折迭牵动当中，更增加气的弹性与膨胀力。

古时的车轮是木头做的，要靠人力或动物来牵拖驱动，最能使车轮快速奔驰的就是马，所以马车可作为运输之用。如今，科技发达，车轮可用钢圈加上充气的轮胎，因为轮胎里面有气的张力，使得载动力更为轻灵，跑起来更加快速。

人体是一个小太极，处处有圆，打太极拳要处处呈圆，大圆涵盖小圆，小圆引动大圆，形成一个立体交织螺旋错综的浑圆状态，由各体的圆轮互相连结、交沟，成为一部结构完整而能灵活运转的活动机体。

以现在的科学观来引喻"气若车轮"，更为贴切。以前的车轮大部分是木制的，所以比喻只能做呈圆之解，因圆能圆顺省力，动转流利圆滑。现在的车轮，是充气的，在圆中又充满着气，它的结构及张力、弹性等作用，远非木制车轮所可比拟。

将车轮腾空，轮的轴固定好，快速用力旋转牵动车轮，车轮就会快速动转起来，在呈圆的旋转中，气流会被引动而跟着旋转。

打太极拳，动作虽然是极慢的，在极慢当中，因为空气有磁场阻力的关系，加上我们意念的牵引，以心来行气，以内气引动外气，所以也能把外在的气引动起来，内外相合，产生气流，引动磁场。

气若车轮是说打拳，气要圆顺、圆滑，要圆融、随顺，不要拖泥带水，不要直来直往，不要呆滞不灵，不要像机器人一板一眼的。

一部车子，车轮转动的力源是马达，但马达只是驱动轮胎的转动，即使将马达不断地加强出力，车轮只会打滑，无法提升加速能力。车子真正加速的力量，来自于车轮与路面之间的阻力、摩擦力；如果摩擦力很强，但马达出力不够，车子也动不了，反过来说，如果马达出力足够，但阻力摩擦力不足，车轮只会打滑空转，无法达成加速力道。所以要增加速力、牵引力，需要考虑下压力及摩擦系数，而不是装用强大的马达就可以致之的，两者必须互称互配。太极拳的发劲与车子的原理相同，它传动的力源是丹田之气，它的阻力、摩擦力在脚跟，打人的手或肘或肩等等就是车轮。如果内劲很大，但是发劲打出去，没有脚跟入地的暗桩之阻力、张力、反弹力，那么，劲打出去，是没有压缩力，没有挤迫力，劲道是不能入里的，是不能深及内脏的，它只是把人打退出去而已，是没有爆破威力的。反之，如果只是桩功很强，能入地生根，下压力及摩擦阻力都很好，但气没有敛入骨，没有生出内劲，丹田之气没有凝聚饱满，就等于没有马达力源，也是起不到发劲的作用。

第三十二章 气若车轮，腰如车轴

## 第二节　腰如车轴

车轴是车轮的轴杆。如果只有车轮而没有轴杆，这个车轮就会东倒西歪，摇晃不稳，失去平衡。现在汽车的车轴是两轮之间的横轴，借由方向盘的操控，而驾驭车子的左右旋转。

腰是一身的主宰，腰动而身动，身动而手动，节节贯串。腰就像车子的轴杆，主宰着身体的动向。太极拳必须以腰为主宰带动身体，才能做到一动无有不动。因为人体的重心在腰部，腰胯是带动全身的动力，身体的各种动作，都是靠腰胯的带动，才能有完整的力量。

为什么要以腰带动身躯？因为由腰胯所带动和引领完整一气的动能最大，局部所产生的动能较小。腰的动力来自于脚，是其根在脚的，要依借下盘的脚打桩入地所产生的反弹力来使腰的。所以，虽说"腰如车轴"，而这个轴的动能之源，还是要依附于丹田之气及脚借地之力所引发的阻力、张力、弹力，内外相合，上下相随，才能有完整的劲道。

## 第三节　太极之腰

太极十三势歌云："命意源头在腰际"，又说："刻刻留心在腰间"，可见腰在太极拳中所占的重要地位。命意源头在腰际这是说生命意趣的源头是在腰际；腰际就是指丹田，又称气海，是贮藏储存"气"的地方，丹田之气凝聚饱满，生命的趣机就会如山顶源头之水，源源不绝地流注，不会断绝，生命之活力才可以延绵长久。

所以日常生活之中，就得刻刻留心在腰间留心什么呢？把

## 第三十二章 气若车轮,腰如车轴

"气"用心的留守在腰间的丹田,也就是意守丹田,气沉丹田的意思,因为丹田之气乃是生命源头的所在。只要能将"气"用心、用神意守在丹田处,这个身内的气就不会散漫,不会往外放驰,不会流失,这个宝贝的气就会乖乖地沉聚在丹田气海之中。孟子说:"气以直养而无害。"气越充足饱满凝聚,对身体只有好处,没有害处,人身如果缺乏了这宝贝的气,生命就会终结;气的机能不足,就会体弱多病。

太极十三势歌开头即点出"命意源头在腰际",已然明显地说明,腰际丹田之气的重要,因为腰际丹田就是生命的源头,想要把握住这命意源头,就得"刻刻留心在腰间",而且要"气遍身躯不少滞",透过以心行气、以气运身的太极心法,使这个气能通透全身而不滞碍。那么,要如何才能"气遍身躯不少滞"呢?只有势势存心揆用意,在练拳架或基本功时,每一招每一势,分分秒秒,都要存心用意地认真施练。道家说:"道者,不可须臾离矣",又说:"行住坐卧,不离这个",这都是在指说"意守丹田"、"气沉丹田"之意。

太极体用全歌云:"涌泉无根腰无主,力学垂死终无补。"涌泉无根是指下盘没有根基,没有基础。下盘,是人体的基座,基座稳固了,太极的功体基础才算有个初步的成就。涌泉之根,下盘之基础,要靠站桩来达成。桩功,有固定的站桩及活步桩;活步桩是指拳架活动,势势招招之中,都有桩法的存在,都有桩功的练习,每一招都有桩法,每一势都有桩功,不是肤浅粗俗的比手划脚或运动体操。

"腰无主"是说,腰没有主宰。腰以什么为主宰呢?以气为主宰,如果没有透过意守丹田、气沉丹田的长期修炼过程,丹田之气不能凝聚充足饱满,这个腰就无法做主,不能以意念去主宰腰的运行,无法发劲,无法接劲。

如果练太极拳，没有练到"涌泉有根，腰有主"，都只是天马行空，都只是空中阁楼，那么，练拳一生，到老、到死，终究得不到一点补益，终究是被人所贻笑的花拳绣腿。涌泉之根，下盘的基座，也是靠丹田之气的补养、运输，没有丹田之气，这个基座的桩功也是无法成就的。所以，一切功法，都是以腰为主宰的，所有功架的练习及发劲之用法，都是主宰于腰的，这个腰是指丹田，不是指局部的腰围，不是肢体上的腰部，它是指内的，不是指外的。若是体会错误，将是失之毫厘，谬以千里。

太极拳经云："其根在脚，发于腿，主宰于腰，形于手指；由脚而腿而腰，总须完整一气。"腰是可以贯串其根的脚及所形的手指；其根在脚，发于腿，形于手指，是指外在的肢体而言，主宰于腰，是指丹田之气。无论行功走架，或是发劲接化，不能缺少这个丹田之气。会发劲的人，只是丹田之气一凝一聚，下盘之根打入暗桩，劲已爆破而出，外表形体是看不到些微动作的，如果还有手脚的使力推出动作，都还是功体内劲未成就之人。

行功心解云："气如车轮，腰似车轴。"这句话如果依文解意，就会有矛盾不通之处，这边所说的腰似车轴的腰，是指丹田之气而言，是以丹田之气为主轴，以丹田之气为轴心，带动出外表形体腰围的气场，这个气场像车轮一般地滚动；也就是以在内的丹田之气为轴心为向心力，引动在外的车轮腰围为离心力。无论行拳走架或发劲，这样解释才说得通，若依字面去求解，就会产生矛盾，因为字面上的腰在外围，无法作为内面的车轴，只有内里的丹田之气才能作为轴心，作为主宰。所以，读经看论，这个"腰"字，有时是指丹田的。

太极拳论云："立如平准，活似车轮"，这里所说的"活似车轮"，是指在外的形体上的腰围，是指肉体的腰部。腰部要活似车轮，那么灵活轻巧，当然依旧要靠在内的丹田之气的灵活鼓荡作用，才能使在外的形体上的腰部，跟随着连动起来，灵活起来。

外围腰的灵活，要靠下盘桩功的稳固，暗桩能打得入地，还有其根在脚的二争力，但这个二争力及打桩，终究还得靠丹田之气的驱动才能完成。所以，丹田之气，是太极功夫的主宰，是所有内家拳功夫的主宰。

有了丹田之气为主宰，桩功才能成就，桩功成就，才会打暗桩，才有二争力的暗劲产生，下盘之根有二争力的暗劲产生，才能驱动外腰的灵活，才会有"苍龙抖甲"的抖劲功体，在发劲时，才能疾速地，才能迅雷不及掩耳地，才能说时迟那时快地意到、气到、劲到，才能后发先到完整一气地引出惊心动魄的爆发力。

爆发力是丹田之气的作用，不是一般硬拳所使的蛮力硬力，练硬拳的人一直以为力量加上速度的结合，就是爆发力。这与太极之丹田之气所引生的爆发力，是截然不同的，是天差地别的。

太极之劲，纯是丹田劲，是丹田之气的"气爆"，是刹那引燃，不需依借速度与距离，所以能后发先到，制敌机先。

太极经论、行功心解，常常说到腰、说到气、说到劲，这都是在阐述丹田之气，都是丹田之气的引伸，所以这个"太极之腰"，这个"丹田之气"是太极功夫的轴心，太极拳的所有一切，都不能偏离这个轴心，若离开这个轴心或若偏离这个轴心，拳练一生，终将唐捐其功。

# 第三十三章　彼不动，己不动；彼微动，己先动

## 第一节　彼不动，己不动，就是以静制动

彼不动，己不动，就是以静制动，静观其变，以不变应万变，是一种静定的功夫。彼不动，己不动，是指用法，是与敌对阵时的一种态势。

为什么彼不动，己也不动？因为先动的一方，会预漏破绽，譬如，举手先打人，手一举就露出空门，使敌有可乘之机。功夫深敛者，都有定静功夫，不会先动或躁动，不会轻举妄动。

以静制动虽然是一种临敌冷静，处变不惊的状态。但太极拳中之"彼不动，己不动"的"以静制动"机制，并非局限于敌我分开，尚未接触的状态。在太极拳功夫中，也有双方接触式的"以静制动"，例如太极推手或散手实战中的敷锁、搭黏控制等手法，也是含盖在彼不动，己不动的以静制动的机制当中。敷锁、搭黏控制的手法，是一种听劲及懂劲功夫，是在对手贴进己身时，以手或身子去轻轻沾敷对手，黏控对手，而达到探知敌情的虚实动向，这是一种动态中的彼不动，己不动之以静制动，是在敷锁、搭黏控制的动态中的以静制动，待敌之动，而后动。

## 第二节　彼微动，己先动，就是制敌机先

彼微动，己先动，意思是说对手在微动或躁动中，露出破绽、弱点或有可乘之机，己方即把握机先，在对方行动之前，先压制、控制住对方，也就是制敌机先的意思。制敌机先有三大要素，时间、空间、机动，为实战中争取先制之三大条件，三者必须密切配合。彼微动，己先动是一种截劲，在彼力将到未到之刹那，截住彼劲，将其劲源黏封，趁对方过河一半，打他个措手不及，反打回去，抢得先机。

太极拳的机先是指听劲懂劲的灵敏，不纯是外形肢体的抢先，对方如果未动或被引动，自己是不会自动的，对方微动，我意先感知，然后意到气到劲到的借彼之力，将彼打出。这是以意念敷盖对手，用意气掌控彼方的一种制敌机先。

## 第三节　彼不动时，如何引与合

十三势歌云："引进落空合即出，沾连黏随不丢顶。"引进落空合即出，几乎每个练太极推手的人，都能朗朗上口。看起来好像很简单，只要将对手引进来，使他落空，然后打出去。但是一般人往往忽略了后面那句沾连黏随不丢顶。

引进的时候，如何让他落空？落空了又要合上，这才是大学问。如何引？如何合？里面有很深的功夫，不是口头说说引进落空就能合即出。

引看起来好像很容易，其实是非常困难的。如何引？怎么才能把对方引动，牵动，让他入于彀中？你要引他，他一动也不动，将是如何？听劲好的，你引不动他，他不会轻易中你的

计；听劲差的，因为反应迟钝呆滞，无知无觉，无所反应，你也难以引动他；那些顶牛斗力之辈，一搭手就死缠胡打，好像又很难找到有引的时机。

练家子，就能善用这个引，不管你先动或不动，或死缠烂打，都可以借机借势把你引进落空，然后将你打飞出去。你明知他在引你，他在设计你，挖一个洞让你跳进去，你还是会乖乖地跳进去，入于他的彀中，就是这么神妙，让人称奇惊叹。

引里面有很深的奥秘，牵涉到听劲与懂劲的层面，听劲不好，不能懂劲，是无法引动对方的，有时不引还好，一引反而让对手趁虚而入，变成败势。彼不动的时候，怎么办？就来个彼不动，己不动，两方僵持着？彼不动，如何让他动？里面牵连到虚实变化的微细功夫。彼不动，我就是能让他动，虚招一引，他必然会有所反应，一有动，即可从他的动中去探究虚实，去听他的动向，他虚我就实打，他实我就变虚，在虚虚实实当中寻求变化反应，听劲好的人，懂劲的人，就知道怎么打，怎么应对变化，怎么在虚实当中去讨消息。他如果化，我就顺势打，他如果顶，我就虚落一下，引他进来，再打。

彼一动不动之时，如何引动他？只要轻轻出手按他，或稍微用暗劲按他，按时会有一个反射动作会出来，你用暗劲一按，他的身体会往前倾，也就是会向自己的方向倾过来，这是其中的一种引，也是较难的一种引，这里面是有功夫的，按的时候如何让对方身体倾过来，被我引进来，这牵涉到用劲的技巧，这个劲打出去，劲道的强弱与快慢，他的节奏及流畅度，都会使引的动作产生不同的机制。会引的人，引过来，刚刚好，引过来刚好被我打，一丝一毫也不差，就是这么神奇。

引进落空后，还有合，合就是贯连接上的意思。如何合的恰分，如何合得恰到好处，都是技巧。引进来，如果没有很好的合，这个发劲，依然不能起作用，不是打空就是有顶的成分，有顶就是拙力，拙力就不能省力，不能发出弹簧般的巧劲，不能算是会发劲的人。

这个引进落空的合，更含摄了极高度的听劲与懂劲，没有懂劲，就合不密，合不到位。时间和空间都要掌握到精密准确，才能合到，才能合即出；快一丝，慢一毫，都将失去发劲的机势，只能变成挨打的架子。

引进落空合即出，下面还有一句沾连黏随不丢顶。引进了，还要沾连黏着，还要黏随着，有了沾连黏与黏随，才能合到位。但是，这里还有更深度的说法，因为拳法无定法，引进的时候，却不一定是都要沾连黏到对方的，虽然当中没有沾连，但对方的动作依然是在时空的控制与节奏律动的掌握当中，这并不算是一种断劲，不算是丢，而且这功夫算是更高度深广的，因为已然摆脱了一般的平常固式的功夫层面，进入了深不可测的神妙境界。

所谓不丢，并不是死死的缠黏着对方，在黏随当中就算是有了隙缝，但只要对方的律动节奏依然在掌控当中，可以随时随意地绵接而上，这并不算是丢的。好像很少听到这种论述，但事实上，高手是能够达成这样的境界功夫，这也是行功心解所说的"断而复连""劲断意不断"的境界。

顶也不一定是局限在用力死顶或顽抗。在引进落空时，如果在接合时，时间与空间不搭顺，快了半拍，就算是有顶的成分在内了，这是比较广义的说法，所以，顶并不是指有形的抗拒与顶力，在听劲不敏的情况下，往往就会有顶的情形，只是自己没有察觉这微细的动作而已。

再说合即出。合与出是一体的，不是二分法，不是两个东西，不是两个动作，如果是合了再出，中间有所分离、断续，就谈不上完美的发劲，也就是说，他没有发中那个劲。合与出，虽然是有蓄劲与发劲两个动作，两个作用，但它是连贯而不分离的，所以合即出是一拍，是一个动作，同时同步完成。这样，才不会牵连到丢与顶两个败阙。

合即出又牵涉到折迭的问题，以及弹簧劲的问题，会发劲的人，知道借着折迭的弹劲，省力的将对手打跌奔放出去，这才是真正的合即出。如果还在那边靠着满身蛮力，使出吃奶之力才将人推出去，都还不算是好功夫的。

折迭又牵涉到下盘的桩功、手的掤劲以及不为人知的气的折迭。说到气的折迭，层次更深细了，很难用文字语言详述清楚，只能由老师心授默传。

在散打时，引的用法，更深更广。你虚晃一下，对方就会举手来招架，你如果会沾连黏随，他就是你的，借着听劲，可将对手玩控于掌中。

双手沾黏着对方，突然一松一放，就可轻易引动对方，使他的手随着引动的方向而牵动。在散打这里的引，不一定是全然的引进，有时是引上或引下或引左或引右，随心所欲。

高手的引，是千变万化的，让你捉摸不定，虚虚实实，假假真真，虚中有实，实中有虚，假中有真，真中又可变假，使你如坠入五里雾中，搞不清方向，只能被牵着鼻子走，只有挨打的份儿。

"彼不动，己不动"，靠着引与合而变为主动；"彼微动，己先动"，须有懂劲功夫，才能后发先到，制敌机先。

# 第三十四章　劲似松非松，将展未展

## 第一节　劲似松非松

　　劲的松，并非松散、松懈、松弛，并非像泄气的皮球，软趴趴的。真正的松，含盖意气的流露，内劲的荡动，下根的盘踞如山，腰、腿、腕、掌的拧、缠、扭、弹等等。松，只是外表看来似松，而内里则是摧筋拉骨的，是含盖着气的驱动与全身二争力的抗衡的。

　　太极拳论有一句话："无过不及，随曲就伸。"意思是说发劲要刚柔并蓄，不能太刚直，也不能太松软无力，过与不及都是不可以的。所谓随曲就伸，就是曲中有伸展，曲蓄而有余的意思。

　　行功心解说："发劲须沉着松净，专主一方。"发劲在松净不着拙力之中，气是要沉着的，沉着，气才有所依附，才有根，才能借力使力，发劲是似松非松的，内劲虽然眼睛看不见，但确实是有质量的东西，并不是松懈空洞无物的，而是棉里藏刚的。发劲，全身虽然要放松不着拙力，但松并不是垮掉，垮掉就没有支撑力了。

　　发完劲时全身还是松的，如果觉得全身变紧，是因为用到蛮拙力的关系，还有就是本身内劲尚未成就，桩功尚未成就，不会打暗桩，没有办法借力的关系。劲的松是弹簧的松，松中而富有弹力，能够支撑八面，如果桩功没有练就，腰胯就没有主宰，则谓之"涌泉无根腰无主，力学垂死终无补"，这是太极体用全歌里面说的。所以，想要会发劲，还是从最基本的桩法起练，还有从手的掤劲及气的凝聚养成等等着手。

太极拳的松，是全身俱松，是节节贯串的松，是完整一气的松，不是只有局部片面的松。太极拳发劲的力源是丹田之气，如果丹田之气不松，在发劲时刻意去鼓气努力，就会变成"在气则滞"，就会变成"有气则无力"，因为这个气是拙劣的，是蛮横的，这个拙气所使运出来的劲道反而会形成滞碍的。

行功心解说："腹松，气敛入骨。"这是说使运丹田之气，要用松柔的方法行之，才能"腹内松净，气腾然"，气腾然才能气敛入骨，汇聚成柔韧而坚刚的内劲。

太极拳虽然处处说要松柔，但是松柔之中，内里是含刚的，是要刚柔并蓄的，是阴阳相兼的，如果纯柔则偏阴而缺阳，如果纯刚则偏阳而缺阴，阴阳不济，不能懂劲，阴阳相济，方为懂劲。

在行拳走架当中，不是软绵绵，松垮垮的，而是内里催筋拉骨的，处处涵盖着立体的二争力而呈螺旋圆弧对立的，借着二争力的拉锯，把筋骨撑开、拧开，到真正的松开，使气血加速渗透敛入筋、脉、骨、膜之内，这就是气敛入骨。

所以，在走架练功当中，筋脉、肌肉、神经、骨架等等，虽然是松柔不用拙力的，但是胸要含着，背要拔着，肩胛要拉撑拧裹着，身要束，腰胯要撑裆，膝在微屈当中要用巧力撑地，使脚掌劲道入地三分，掌腕要微坐而有根，颈项要撑顶。

发劲时，更要沉肩、坠肘、坐腕、下腰束身、拔背、凝气、撑胯、屈膝而富有弹性，两脚要撑蹬。

## 第二节　将展未展

将展未展，是蓄势待发的状态，储备随时可以展现的实力，待机而发。蓄势是储蓄聚集了完整的势力，而这势力就是气的结晶，透过太极拳的以心行气、以气运身，终而敛气入骨，汇聚成劲，所以蓄势的条件，是内劲的成就；若内劲没有成就，则无势可蓄，无劲可发。

将展未展，是"彼不动，己不动"的蓄势待发状态，是一种劲的含蓄而未发的态势，也可以说是一种备战的状态，是一种两军对阵，尚未短兵相接的备战的状态。这劲是暂时准备着待命的，是随时可用的。所以，将展未展是指内劲已经成就，可以随机而动，可以随心所欲的。

将展未展与似松非松是连带的，在似松非松之中，是随时箭在弦上的，是随时可以发射的，所以，这个松，不是放逸的松，它是上紧发条而富有弹性的将展未展的松，在松中是寓涵着刚性的，是柔阴中涵蕴着刚阳的。

太极的无极式，是将展未展，因为意念已含摄于心，气机已在蕴酿。站桩是将展未展，因为脚已入地，手臂已掤捧，丹田之气已在蕴酿凝聚，两手将按未按，已由脚而腿而腰，形上而达，已经如蓄劲开弓欲放状态。

太极拳是含蓄的，是内敛的，所以，气要含蓄，劲要含蓄，没有必要，那箭是不会随便乱放的。所以，除了试力、验劲，或者自己的劲已非常饱和，偶偶做发劲的动作，或自己模拟发劲的验证效果，才需去做放箭的发劲动作，平常还是保持似松非松，将展未展的气态，这是较为符合原则的。

如果在整套拳架当中，一直做发劲动作，是不符养生健康之道的，尤其是初学者，内劲尚无成就，如果一直做发劲动作，是耗气伤神的，不仅不能成就内劲功夫，对健康也是不宜的，因为这与练硬拳是无异的，是比较容易伤筋损骨的。

# 第三十五章　劲断意不断

劲断意不断，就是第十五章所说的断而复连，也就是藕断丝连的意思。劲断了，由于意念的连续而不断，而复连回来；藕虽断了，还有丝相连着，所以虽断而能复连。

劲断意不断意思是发劲之后，劲是可以断离的，但断离之中仍要把意留着。如果连这个意念也丢离了，劲就难以接续回来，变成真正的断劲，不能复连回来。所以，意念不能断，要把意念续留着，才可以把断离的劲再接续回来。

在太极拳的推手或实战中，发劲后不管有无发中，劲一定要出脱的，全身实时放松，如果不放松，留有拙力在身，滞留于发劲的地方，容易产生僵劲，那个劲会反向回于自己身上，反被对手打出。所以，劲是可断的，而且要断得干净利落，慎防被自己的回劲反打。

旧劲是要断离要扔掉的，旧劲扔掉断离后，新劲复生；因此，由于意的不断，新的劲乃能绵绵而生，断而复连。

# 结束语

　　《太极拳行功心解详解》是个人之练拳体会心得，所有论述或有不正确之地方，还望贤辈们指正。

　　其中对于某人、某师、某系统之练法或说法，表示不同之论点，纯是就个人之体会依于事理而说，非对人身、派系而作评论，而且均隐其名而说，祈望读者能予体谅。笔者所有述论，还望读者能与经论作比对、确认、辨识，作正确抉择而能有所获益，是为所盼。